二次試験対策 だれでも一発合格できる

英検2級 面接大特訓

植田 一三／上田 敏子／Michy 里中
Ueda Ichizo　Ueda Toshiko　Michy Satonaka

Jリサーチ出版

はじめに

はじめての受験で合格するために

　皆さんお元気ですか？　今回は英検2級の徹底分析に基づいた2級二次試験突破のための対策本を書きました。本書は短期間で合格できる実力を備えるための**「直前対策トレーニング」**と、どんな質問にも英語でしっかりと答えるための**「真の英語の発信力UPトレーニング」**という2点の特長を兼ね備えています。

　第1章では、**面接試験当日のシミュレーション**を掲載し、面接の流れはもちろん、注意点や頻出トピック、それから**社会問題Q&Aの傾向**をひと目で把握できます。

　第2章は**パッセージ音読練習**です。面接の最初の課題である音読を成功させるために、パッセージとして出題されそうな長めの英文を掲載しました。CDを聞きながら音読しましょう。

　第3章は**短文練習**です。日常生活のさまざまなシチュエーションに即した短めの例文を言うトレーニングを行い、CDを聞きながら音読したり、瞬時に日本語を英語に転換するトレーニングをすることで、合格に不可欠な**英語描写力**が効率よく身につきます。各例文には表現力アップに欠かせない最重要フレーズが散りばめられており、テンポよく重要表現を頭にインプットできます。

　第4章は**実践編**です。過去問題のデータ分析に基づき厳選した頻出12トピックの模擬問題で、**パッセージ音読**とその内容に対するQ&A、**3コマ漫画描写の必須ポイントと社会問題Q&Aの必勝法**を伝授します。各問に賛成・反対両方の解答モデルを示し、解説しており、確実に合格点を獲るための解答方法が理解できると同時に、受験者が犯しやすいミスもしっかりカバーできます。実践問題の分野ごとに、また、実践問題の後の、**Q&Aトレーニング**では、過去問題のデータ分析により厳選された社会問題関連の質問内容とモデル解答

を分野別に紹介しており、合格に欠かせない**論理的な解答法**を短時間でマスターできます。さらに、解答や解説には、社会問題に関連する最重要英語表現が散りばめられていますので、表現の幅をぐんと広げていただけます。

　本書の活用法として、

❶ CDで英語の質問を聞く→自分の解答を英語で言う→模範解答の音声を聞く
❷ 質問文の英文を見て解答を頭の中で考える→模範解答を読む
❸ 質問文と模範解答の日本語を見る→英訳する
❹ CDを聞きながらシャドーイング（最初は音読）

　といった4つのアプローチがあります。英語の質問に対してパッと答えられるようになるまで本書をフル活用してください。

　最後に、本書の制作にあたり、惜しみない努力をしてくれたAquariesスタッフの宮原香織氏、久保伸枝氏、石橋久美子氏、岩間琢磨氏、およびJリサーチ出版編集部の新谷祥子氏と本書執筆の母体となった参考文献の著者の方々には、心から感謝の意を表したいと思います。そして何よりも、われわれの努力の結晶である著書を愛読してくださる読者の皆さんには心からお礼申し上げます。

　それでは皆さん、明日に向かって英悟の道を
Let's enjoy the process!（陽は必ず昇る!）

植田一三　上田敏子　Michy里中

CONTENTS

はじめに ·· 2
本書の利用法 ·· 6

第1章　面接の準備　　11

　面接シミュレーション ································ 12
　配点と合格点 ·· 15
　合格のための短期集中トレーニング ···················· 16

第2章　音読練習　　21

DAY 1
- Unit 1　教育 ·· 22
- Unit 2　テクノロジー ································ 24
- Unit 3　環境 ·· 26
- Unit 4　メディア ···································· 28

DAY 2
- Unit 5　医学・健康 ·································· 30
- Unit 6　旅行・レジャー ······························ 32
- Unit 7　ビジネス・経済 ······························ 34
- Unit 8　人間関係・マナー ···························· 36
- Unit 9　結婚・家庭 ·································· 38

第3章　短文練習　　41

DAY 3
- Unit 1　日常生活① ······ 42　　日常生活② ······ 44
- Unit 2　子育て・教育① ··· 46　　子育て・教育② ··· 48
- Unit 3　行動① ·········· 50　　行動② ·········· 52
- Unit 4　飲食・人間関係 ······························ 54

DAY 4
- Unit 5　感情 ·· 56
- Unit 6　メディア① ······ 58　　メディア② ······ 60
- Unit 7　国際・旅行・海外① ··· 62　　国際・旅行・海外② ··· 64
- Unit 8　買い物① ········ 66　　買い物② ········ 68

DAY 1 ～ DAY 12　12日完成を目指す場合のペース配分（目安）です。
取り組むスピードには個人差があります。
一度だけではなく、覚えるまで繰り返し活用してください。

DAY 5
- Unit 9　レジャー・スポーツ　…………………………… 70
- Unit 10　乗り物・交通　………………………………… 72
- Unit 11　トラブル　……………………………………… 74
- Unit 12　環境①　………… 76　　環境②　………… 78
　　　　　環境③　………… 80

DAY 6
- Unit 13　ビジネス　……………………………………… 82
- Unit 14　健康①　………… 84　　健康②　………… 86
　　　　　健康③　………… 88
- Unit 15　テクノロジー①　… 90　　テクノロジー②　… 92
- Unit 16　その他　………………………………………… 94

第4章　模擬テスト　12回分　＋応答練習　　　　97

DAY 7
- Exercise 1 ＋教育関連 Q&A（3問）………………………… 98
- Exercise 2 ＋教育関連 Q&A（3問）……………………… 108

DAY 8
- Exercise 3 ＋テクノロジー関連 Q&A（3問）…………… 118
- Exercise 4 ＋環境関連 Q&A（1問）……………………… 128

DAY 9
- Exercise 5 ＋環境関連 Q&A（3問）……………………… 136
- Exercise 6 ＋メディア関連 Q&A（3問）………………… 146

DAY 10
- Exercise 7 ＋健康関連 Q&A（3問）……………………… 156
- Exercise 8 ＋レジャー関連 Q&A（3問）………………… 166

DAY 11
- Exercise 9 ＋ビジネス関連 Q&A（3問）………………… 176
- Exercise 10 ＋マナー関連 Q&A（1問）………………… 186

DAY 12
- Exercise 11 ＋生活関連 Q&A（3問）…………………… 194
- Exercise 12 ＋生活関連 Q&A（2問）…………………… 204

◆英検2級面接　超重要ボキャブラリーいちらん　………… 213

本書の利用法

第2章 音読練習（21～39ページ）

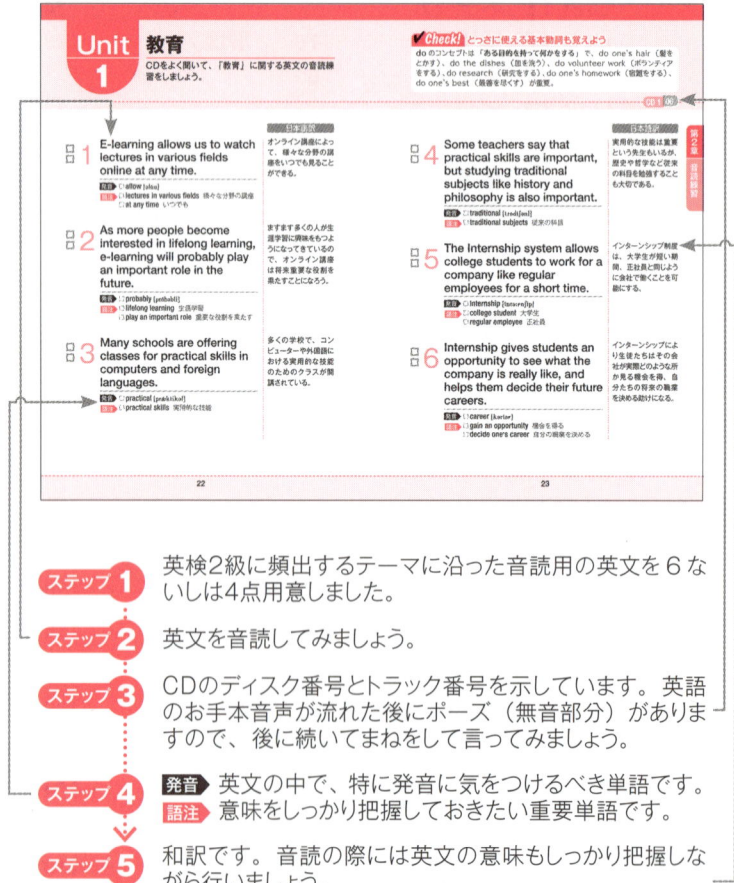

- ステップ1　英検2級に頻出するテーマに沿った音読用の英文を6ないしは4点用意しました。
- ステップ2　英文を音読してみましょう。
- ステップ3　CDのディスク番号とトラック番号を示しています。英語のお手本音声が流れた後にポーズ（無音部分）がありますので、後に続いてまねをして言ってみましょう。
- ステップ4　**発音** 英文の中で、特に発音に気をつけるべき単語です。
語注 意味をしっかり把握しておきたい重要単語です。
- ステップ5　和訳です。音読の際には英文の意味もしっかり把握しながら行いましょう。

本書は英検2級二次面接に特化して、音読・発話トレーニングを行うための本です。構成は大きく分けて、第1章「面接の準備」、第2章「音読練習」、第3章「短文練習」、第4章「模擬テスト+応答練習」となっており、面接試験の内容を理解し、やさしい練習から慣れていき、徐々に高得点を取るための本格的な練習へとステップアップします。

第3章 短文練習 (41〜95ページ)

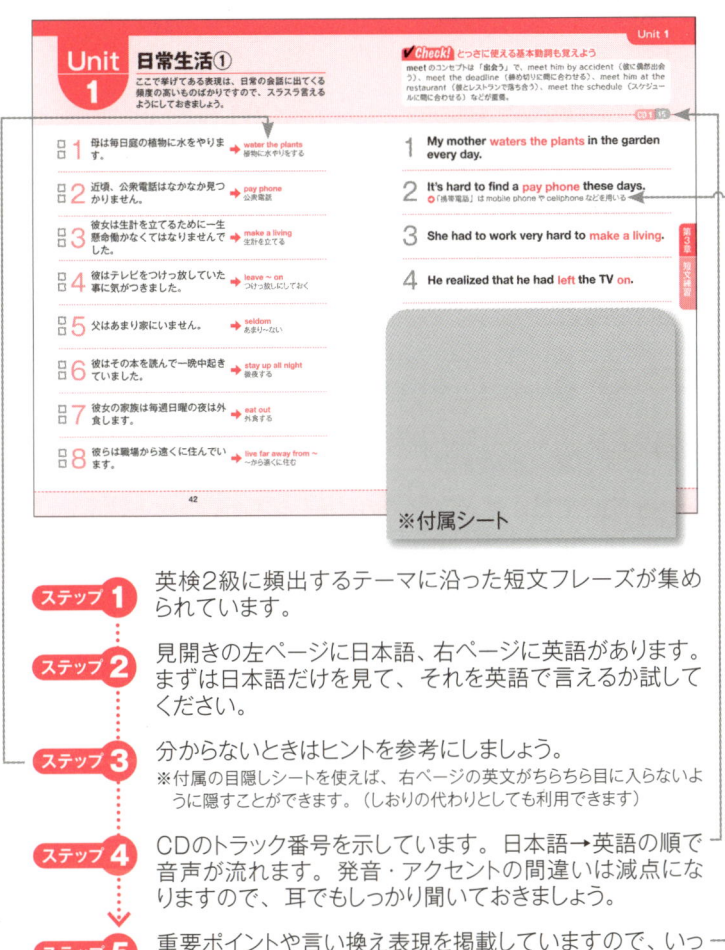

※付属シート

ステップ1 英検2級に頻出するテーマに沿った短文フレーズが集められています。

ステップ2 見開きの左ページに日本語、右ページに英語があります。まずは日本語だけを見て、それを英語で言えるか試してください。

ステップ3 分からないときはヒントを参考にしましょう。
※付属の目隠しシートを使えば、右ページの英文がちらちら目に入らないように隠すことができます。(しおりの代わりとしても利用できます)

ステップ4 CDのトラック番号を示しています。日本語→英語の順で音声が流れます。発音・アクセントの間違いは減点になりますので、耳でもしっかり聞いておきましょう。

ステップ5 重要ポイントや言い換え表現を掲載していますので、いっしょに覚えておくと面接試験に役立ちます。

第4章　模擬テスト＋応答練習 （97～212ページ）

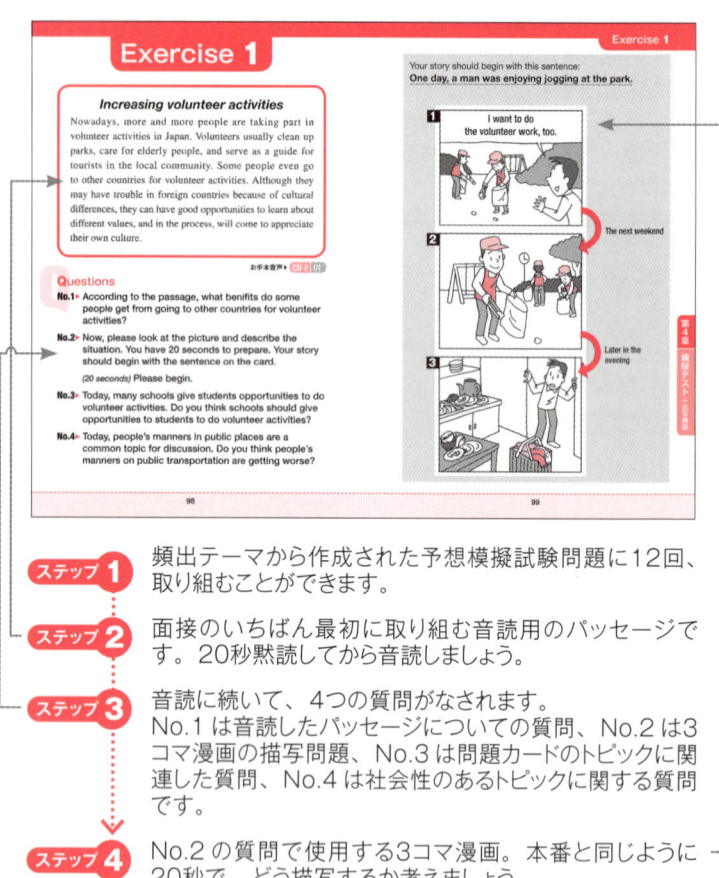

ステップ1　頻出テーマから作成された予想模擬試験問題に12回、取り組むことができます。

ステップ2　面接のいちばん最初に取り組む音読用のパッセージです。20秒黙読してから音読しましょう。

ステップ3　音読に続いて、4つの質問がなされます。
No.1は音読したパッセージについての質問、No.2は3コマ漫画の描写問題、No.3は問題カードのトピックに関連した質問、No.4は社会性のあるトピックに関する質問です。

ステップ4　No.2の質問で使用する3コマ漫画。本番と同じように20秒で、どう描写するか考えましょう。

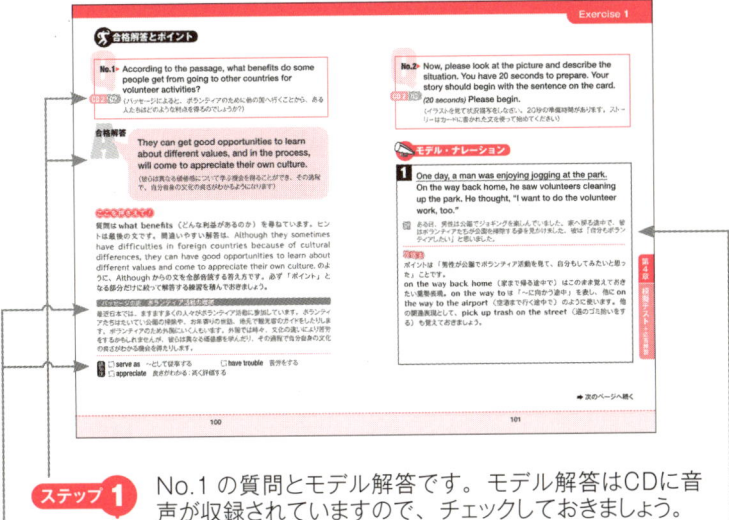

ステップ 1　No.1 の質問とモデル解答です。モデル解答はCDに音声が収録されていますので、チェックしておきましょう。

ステップ 2　パッセージの和訳と重要語句の意味いちらんです。

ステップ 3　3コマ漫画の描写問題（No.2）の、モデル・ナレーションを確認しましょう。1コマずつの描写と攻略法がついています。実際に声に出してスピーチするときは、1～3を続けて言います。

続く2ページはNo.3 と No.4 の質問とモデル解答。解説文もしっかり読んで頭を整理しましょう。

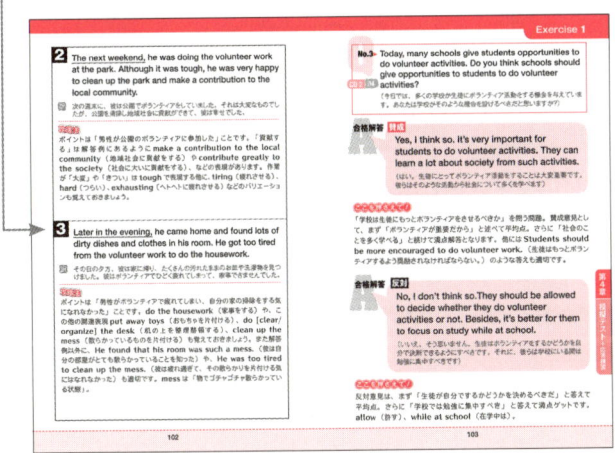

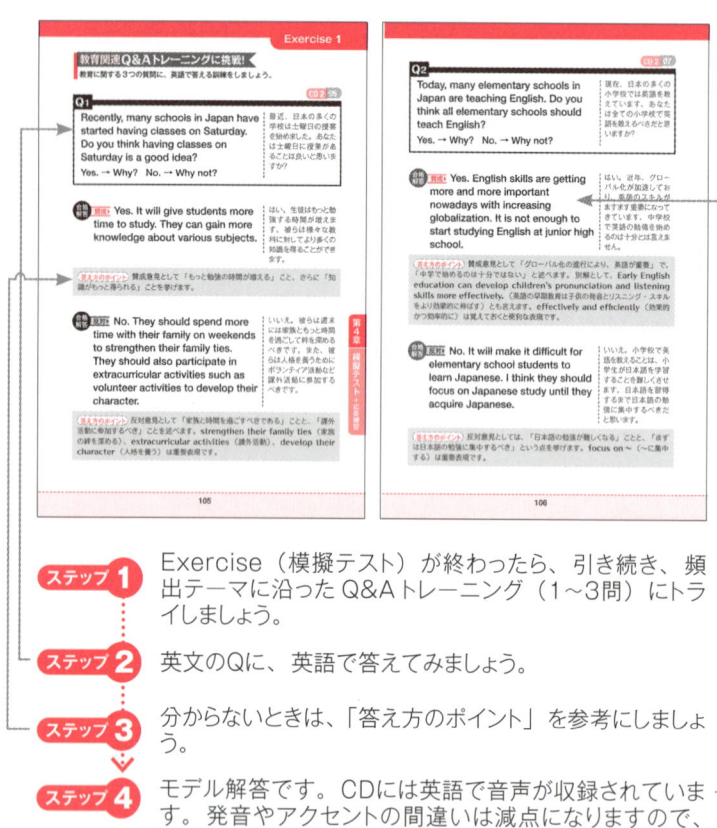

ステップ1	Exercise（模擬テスト）が終わったら、引き続き、頻出テーマに沿ったQ&Aトレーニング（1～3問）にトライしましょう。
ステップ2	英文のQに、英語で答えてみましょう。
ステップ3	分からないときは、「答え方のポイント」を参考にしましょう。
ステップ4	モデル解答です。CDには英語で音声が収録されています。発音やアクセントの間違いは減点になりますので、耳でもしっかり聞いておきましょう。

CDの効果的な使い方

●第2章の音声内容

音読用の英文読み上げ ⇨ ポーズ（無音）

ポーズの間に、まねをして音読練習をしましょう。

●第3章の音声内容

短文日本語 ⇨ ポーズ（2秒）⇨ 英語

日本語を聞いて、無音の間に自力で英語を言ってみましょう。
自分の言った英語が正しいかどうか、ポーズのあとに続く英語を聞いて確認しましょう。

第1章

面接の準備

CD 1 02 → CD 1 05

　まずは、英検2級の面接の基礎知識を見ておきましょう。

　面接当日の流れを音声とともにシミュレーションし、配点と合格点、そして、合格のための短期集中トレーニングや出題ジャンル傾向などについて、チェックしておきましょう。

「面接シミュレーション」

面接室に入るところから、出るところまで、順を追って見ておきましょう。面接委員とはすべて英語でコミュニケーションをとります。面接中にメモや写真撮影、録音などはしてはいけませんのでご注意ください。

1 部屋に入る

❶ 控え室で記入した「面接カード」を持って、係員の指示に従って面接室に入ります。

❷ 面接委員に「面接カード」を手渡します。

❸ 面接委員の指示に従い、着席します。
※荷物は席の脇に置くことができます

CD 1 | 02

面接委員 Please come in. Hello.
受験者 Hello.
面接委員 Can I have your card, please?
受験者 Yes, Here you are.
面接委員 Thank you. Please have a seat.
受験者 Thank you.

2 氏名・級の確認、簡単な質問

CD 1 | 03

❶ あなたの氏名と受験している級を確認します。

❷ 日常会話的な簡単な質問をします。

面接委員: My name is Hiroshi Kurosawa. May I have your name, please.

受験者: Yes, My name is Sumire Saito.

面接委員: All right, Ms. Saito. This is the Grade 2 test, OK?

受験者: OK.

面接委員: Well, Ms. Saito, how are you today?

受験者: I'm fine. Thank you.

3 「問題カード」の黙読と音読

CD 1 | 04

❶ 面接委員から「問題カード」を受け取ります。

❷ 面接委員の指示に従って、20秒間で「問題カード」のパッセージを黙読します。

❸ 面接委員の指示に従って、パッセージを音読します。

面接委員: All right. Now, let's start the test. Here's your card.

受験者: Thank you.

面接委員: First, please read the passage silently for 20 seconds.

[20秒間] 面接カードのパッセージを、声をださずに読みます

面接委員: All right. Now, please read it aloud.

パッセージを音読します

4 No.1～No.4のQ&A

CD 1 05

① 音読が終わると、面接委員から質問No.1とNo.2があります。
※ここでは「問題カード」を見てもOK

② No.2の応答が終わると、面接官の指示に従い、「問題カード」を裏返します。

③ 面接委員から質問No.3～No.4があります。

④ 面接委員から試験終了が告げられますので、「問題カード」を面接委員に返し、退室します。

面接委員: Now, I'm going to ask you four questions. Are you ready?
受験者: Yes.

[No.1, 2の質問]

面接委員: Now, Ms. Saito, please turn over the card and put it down.

[No.3, 4の質問]

面接委員: All right, Ms. Saito, this is the end of the test. Could I have the card back, please?
受験者: Here you are.
面接委員: Thank you. You may go now.
受験者: Thank you very much.
面接委員: Goodbye. Have a nice day.
受験者: Thank you. You too.

　最後まで気を抜かず、面接委員の目を見て、気持ちよくHave a nice day!の挨拶をしてから退出しましょう。最後の挨拶部分までアティチュード（attitude：詳しくは次ページで紹介）にカウントされますので、たとえ面接途中で多少失敗しても、最後に好印象を残すように心がけましょう。

5 部屋を出る

終了し、退室したら、すみやかに会場から退場します。控室に戻る必要はありません。

配点と合格点

試験時間 **約7分**

		配点	合格ライン 余裕	合格ライン ぎりぎり
音読	問題カードのパッセージを音読する	5点	4点	3点
No.1	パッセージについての質問	5点	4点	3点
No.2	3コマ漫画の描写問題	10点	8点	6点
No.3	問題カードのトピックに関連した質問	5点	4点	2点
No.4	社会性のあるトピックについての質問	5点	4点	2点
アティチュード*		3点	3点	3点
		33満点	27点	19点

19点以上で  合格

---

*アティチュード（attitude）

attitudeとは「態度・姿勢」という意味で、二次試験では主に次のような点が評価の対象となっています。

①積極性
- ✔ 知識不足で適した言葉がでない際も、知っている単語をなんとか駆使し、相手に伝えようと努力しているか。

②明瞭な声
- ✔ 相手にとって聞き取りやすい声で話しているか。
- ✔ 適切な発音、アクセントで話しているか。

③自然な反応
- ✔ 相手の言葉に対して、不自然なくらい長い間がおかれていないか。

合格のための短期集中トレーニング

ステップ 1　問題カードの黙読と音読

　与えられたカードの英文パッセージを、20秒の黙読の後、音読します。
　特に注意したいのは、①各単語の不正確なアクセントと発音、②3単元のsを読み飛ばしてしまう、③不自然な間があく、④不自然なイントネーション、以上の4点です。
　①に関しては、第2章の音読トレーニング で、特によく読みを間違う単語には［発音記号］を入れていますので、CDを活用し、真似して言ってみてください。②は日頃からきっちりと読んでいるか、自分の音読を録音して聞いて確認してみるとよいでしょう。③と④に関しても、CD音声を最大限活用し、シャドーイング練習をして会得してください。

ステップ 2　問題カードに書かれたパッセージに関する質問

　この質問はたいていは、How か Why ではじまります。よって、パッセージを読んでいるときに、方法や理由に当たりそうな部分に見当をつけておくと、有利です。また、How で聞かれたら、By ...ing で答える、パッセージ中の指示語は解答では「名詞（句）」に置き換える（たとえば by doing so の so の内容を明示する）など、気を付ける必要があります。
　これらは、第4章の模擬テスト でじっくりとマスターしてください。

ステップ3　3コマ漫画を見てその状況を英語で描写する

　漫画の状況説明のための必須表現は、第3章の短文練習で習得しておきましょう。3コマ漫画や次の社会問題に関するQ＆Aは、頻出分野が決まっています（ステップ4参照）ので、分野ごとに、重要表現を覚えて使えるようになっておきましょう。

▶第2, 3, 4章でトレーニング！

ステップ4　社会問題に関するQ＆A（2問）

　これは二次面接の山場です。これらの質問にうまく答えられるかが、合否の分かれ目にもなる、非常に重要なパートです。

　基本的に、**Yes[Agree]/No[Disagree].** などと自分のスタンスを答えた後、2文で解答を述べてください。その際の答え方には次の2パターンがあります。

> ❶ 1文目で【1つの理由】を述べ、2文目でそれを【例を挙げて説明する】、または【言葉を補って説明する】パターン
>
> ❷ 1文目で【理由1】を、2文目で【理由2】を述べるパターン

　どちらもかなり練習しないと、すぐには答えられないと思いますが、特に❶は【英語での論理的スピーキング】の基本ですので、気を抜かずしっかりとトレーニングをしましょう。

▶第4章でトレーニング！

英検2級二次面接 頻出トピックはこれだ!

最後に、二次試験で難しいQ＆Aトピックの傾向を見てみましょう。
過去15年間のトピック分析は次のようになっています。

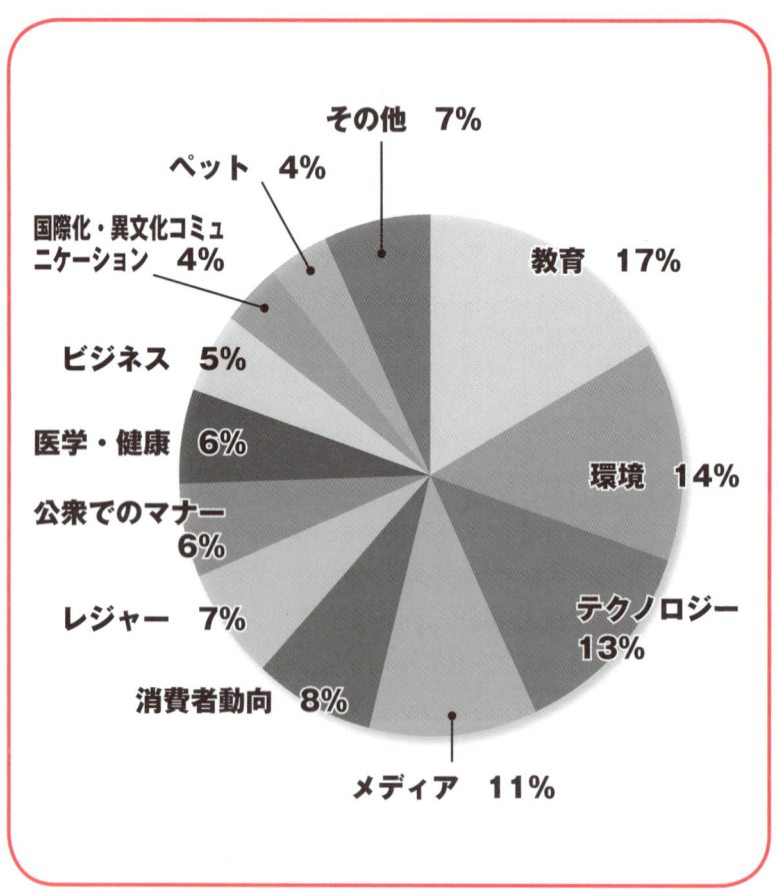

第1位 教育

外国語教育、学校教育の在り方を中心として狙われる。

- e-learning
- 外国語教育 【頻出!】
- 教育のあり方 【頻出!】
- 子供の行動 【頻出!】
- 人生計画

第2位 環境

ゴミ処理問題、省エネなど環境問題に関するトピックが多い。

- ゴミ処理問題 【頻出!】
- 省エネ 【頻出!】
- 大都市の緑化
- ミネラルウォーターの将来
- 車の規制

第3位 テクノロジー

コンピュータやインターネットに関するトピックが多い。

- インターネット 【重要!】
- eメール
- コンピューター
- ミュージックプレーヤー
- 携帯電話 【頻出!】
- 電子機器

第4位 メディア

テレビの他、電子書籍など新しいメディアについても狙われる。

- テレビ 【頻出!】
- 電子メディア 【重要!】
- メディアバイオレンス
- 日本人俳優の国際化
- CD

第5位 消費者動向

ショッピングを中心としたトピックが多い。

- ショッピング 【頻出!】
- 人気商品
- 雑誌
- 外食

第6位 レジャー

旅行とスポーツを中心としたトピックが重要。

- 団体旅行と個人旅行 【重要!】
- 余暇の過ごし方
- 海外旅行と国内旅行 【重要!】
- 国際的日本人スポーツ選手

第1章 面接の準備

第7位 マナー

乗り物や携帯電話のマナーなど公衆でのマナーが多い。

- 喫茶店での禁煙
- 公衆でのマナー 【重要!】
- 高齢者への態度
- マナーの低下

第7位 医療・健康

外食、コンビニなど食生活に関するトピックが重要。

- 食生活 【重要!】
- タバコ
- 自転車通勤

第9位 ビジネス

ビジネスの多様化、国際化がよく狙われる。

- 仕事の選択 【重要!】
- スキル
- 貿易
- 自動販売機
- レストラン

第10位 文化・コミュニケーション

文化の違いに関するトピックが多い。

- 外国人の日本への興味 【重要!】
- 伝統文化
- 外国の知識

第10位 ペット

ペットに関する倫理的な問題がよく狙われる。

- ペットの多様化
- ペットの意義と問題点
- ペットの禁止

　いかがですか？　日本語でも、これらの分野の社会問題に答えるのは、難しいかもしれませんね。面接では、英語力というより、話すべき「ネタ」がなくて口ごもってしまう受験生が実に多いです。特に、教育、環境、テクノロジーなどの頻出分野には関心を持ち、論理的に自分の意見を述べられるように準備しておく必要があります。すばやく善悪の判断をし、その理由を述べるための【英語論理的思考力】を、本書でぜひ鍛えてください。

第2章

音読練習

CD1 06 → CD1 14

　英検2級面接ではまず、面接官から手渡された「問題カード」を黙読し、音読します。

　ここでは、英検2級の面接必須テーマごとに、6ないし4つの英文を音読する練習をしましょう。

　CDには見本のナレーションが収録されています。音声に続いて音読用のポーズ（無音部分）が設定されていますので、発音やイントネーションなどに気をつけながら、繰り返し練習してみてください。

Unit 1 教育

CDをよく聞いて、「教育」に関する英文の音読練習をしましょう。

1
E-learning allows us to watch lectures in various fields online at any time.

発音 □ allow [əláu]
語注 □ lectures in various fields 様々な分野の講座
□ at any time いつでも

日本語訳
オンライン講座によって、様々な分野の講座をいつでも見ることができる。

2
As more people become interested in lifelong learning, e-learning will probably play an important role in the future.

発音 □ probably [prɑ́bəbli]
語注 □ lifelong learning 生涯学習
□ play an important role 重要な役割を果たす

日本語訳
ますます多くの人が生涯学習に興味をもつようになってきているので、オンライン講座は将来重要な役割を果たすことになろう。

3
Many schools are offering classes for practical skills in computers and foreign languages.

発音 □ practical [prǽktikəl]
語注 □ practical skills 実用的な技能

日本語訳
多くの学校で、コンピューターや外国語における実用的な技能のためのクラスが開講されている。

✔Check! とっさに使える基本動詞も覚えよう

do のコンセプトは「**ある目的を持って何かをする**」で、do one's hair（髪をとかす）、do the dishes（皿を洗う）、do volunteer work（ボランティアをする）、do research（研究をする）、do one's homework（宿題をする）、do one's best（最善を尽くす）が重要。

CD 1 06

4
Some teachers say that practical skills are important, but studying traditional subjects like history and philosophy is also important.

発音 □ traditional [trədíʃənl]
語注 □ traditional subjects 従来の科目

日本語訳
実用的な技能は重要という先生もいるが、歴史や哲学など従来の科目を勉強することも大切である。

5
The Internship system allows college students to work for a company like regular employees for a short time.

発音 □ Internship [íntə:rnʃip]
語注 □ college student 大学生
□ regular employee 正社員

インターンシップ制度は、大学生が短い期間、正社員と同じように会社で働くことを可能にする。

6
Internship gives students an opportunity to see what the company is really like, and helps them decide their future careers.

発音 □ career [kəríər]
語注 □ gain an opportunity 機会を得る
□ decide one's career 自分の職業を決める

インターンシップにより生徒たちはその会社が実際どのような所か見る機会を得、自分たちの将来の職業を決める助けになる。

第2章 音読練習

Unit 2 テクノロジー

CDをよく聞いて、「テクノロジー」に関する英文の音読練習をしましょう。

1
Recently, a new method of growing vegetables inside buildings has been developed.

発音 □ vegetable [védʒətəbl]
語注 □ grow vegetables 野菜を育てる
□ inside the building 屋内で

日本語訳
最近、屋内で野菜を育てる新しい方法が開発された。

2
Computers can control the light and water supply, which helps vegetables grow much faster.

語注 □ grow much faster はるかに早く生育する

コンピューターは、光と水の供給量を制御し、野菜がはるかに早く生育するのを助けている。

3
Scientists are using technologies to examine brain functions in order to find ways to improve their functions.

発音 □ career [kəríər]
語注 □ find ways 方法を見つける

科学者たちはテクノロジーを使って我々の脳の働きを改善するための方法を見つけるために、脳が働いている所を見ることができる。

✔Check! とっさに使える基本動詞も覚えよう

take のコンセプトは「取り込む」「どこかに移動する」で、take it easy（気楽に考える）、take off my clothes（服を脱ぐ）、Take your time.（ごゆっくり）、take a day off（1日休む）、take a seat（座席に座る）が重要。

CD 1　07

4
In the future, exercises for the brain will attract more attention.

語注 □ attract more attention　より注目を集める

将来、脳のための訓練がより注目を集めるだろう。

5
Online meetings allow people in different places to meet without traveling and therefore save transportation costs.

発音 □ transportation [trænspɚtéiʃən]
語注 □ transportation costs 交通費

オンライン会議により、違う場所にいる人々が、移動することなしに会合することが可能になり、交通費も節約できる。

6
Some people worry that information in online meetings can be stolen.

語注 □ steal information　情報を盗む

オンライン会議での情報が盗まれる可能性があるのではないかと、心配する人もいる。

日本語訳

第2章　音読練習

Unit 3 環境

CDをよく聞いて、「環境」に関する英文の音読練習をしましょう。

---

1 "Cool Biz" is designed especially for office workers who depend on air conditioning in summer.

発音 ☐ especially [ispéʃəli]
語注 ☐ office worker　事務職の人
　　☐ air conditioning　エアコン

日本語訳
"クールビズ"は特に、夏場にエアコンに依存する事務職の人たちのために考案されたものである。

2 More companies are allowing their employees to wear light clothes in order to save energy.

発音 ☐ employee [implɔ́ii:]
語注 ☐ allow 人 to　人に~することを許す
　　☐ employee　従業員

ますます多くの会社が、省エネのために従業員に軽装を許可しています。

3 These days, most of the food that people buy is produced far from where they live.

語注 ☐ far from　遠く離れて

最近、人々が買う食品のほとんどはその人たちが住む場所から遠く離れた場所で生産されている。

✔Check! とっさに使える基本動詞も覚えよう

give のコンセプトは「**何かを与え、与えすぎてたわむ**」で、Give me five days.（五日待ってください。）、give it a try（試しにやってみる）、give a performance（演技する）、Give me a hand.（手を貸してください。）が重要。

CD 1 | 08

日本語訳

第2章 音読練習

4
Eating locally produced food helps reduce the amount of fuel that is necessary for transporting those products.

発音 □ transport [trænspóːrt]
語注 □ locally produced food 地元で生産された食品
□ help + do ～するのに役立つ

地元で生産された食品を食べることは、その農産物を長距離運ぶのに使われる燃料を減らすのに役立つ。

5
Most people think that Japan's water supply is large enough.

語注 □ water supply 水の供給量

日本の水の供給量は十分だと、大半の人々は考える。

6
Some researchers are concerned about how climate change will affect the supply of water in Japan.

発音 □ worried [wə́ːrid]
語注 □ be concerned about ～を心配している
□ climate change 気候変動

一部の研究者は、気候変動がどのように日本の水の供給量に影響を与えるか、心配している。

Unit 4 メディア

CDをよく聞いて、「メディア」に関する英文の音読練習をしましょう。

日本語訳

□ □ 1 Movies and video games are attractive to children, but they often contain violent scenes.

語注 ▶ □ be attractive to ～にとって魅力的である
□ violent scenes 暴力的なシーン

映画やビデオゲームは、子供たちにとって魅力的だが、それらにはしばしば暴力的なシーンが含まれている。

□ □ 2 Some experts are requesting the government to control violent scenes in the media more strictly.

発音 ▶ □ media [míːdiə]
□ violent [váiələnt]
語注 ▶ □ control ~ strictly ～を厳しく規制する

一部の専門家たちは、メディアの暴力シーンをもっと厳しく規制するよう政府に求めています。

□ □ 3 Recently, the number of people who write blogs has been increasing, because blogs are a convenient way to share information with others online.

発音 ▶ □ convenient [kənvíːnjənt]
語注 ▶ □ write blogs ブログを書く
□ share information 情報を共有する

最近、ブログを書く人の数が増えてきているが、これは、ブログが他人とネットワークで情報を共有する上で、便利であるからだ。

✔Check! とっさに使える基本動詞も覚えよう

run のコンセプトは「走る」「走らせる」で、run a marathon（マラソンに出場する）、run a company（会社を経営する）、run on batteries（電池で動く）、run after a ball（ボールを追いかける）、My nose is running.（鼻水が出ています。）などが重要。

CD 1　09

4
There is a lot of unreliable information online because anybody can freely put information on the Internet.

語注 □ put ~ on the Internet　インターネットに~を掲載する

日本語訳：誰でも自由にインターネットに情報を掲載することができるので、ネット上では多くの信用できない情報がある。

5
Copyright is the right of people such as writers and musicians to publish or broadcast their works.

発音 □ musician [mjuːzíʃən]

日本語訳：著作権は作品を出版したり放送したりする作家や音楽家のような人々の権利である。

6
Although the copyright law makes it illegal to copy music CDs and give the copies to others, some people do it without knowing that they are breaking the law.

発音 □ realize [ríːəlàiz]
語注 □ copyright law　著作権法
　　 □ break the law　法を破る；違法行為をする

日本語訳：著作権法によって、音楽CDをコピーして、そのコピーを人に与えるのは違法であるが、それを違法だと知らずに、こうしたことを行っている人もいる。

第2章　音読練習

Unit 5 医学・健康

CDをよく聞いて、「医学・健康」に関する英文の音読練習をしましょう。

日本語訳

☐☐ **1** Nowadays, many people are too busy with their work to have a balanced diet.

語注 ☐ balanced diet バランスのとれた食事

最近、仕事でとても忙しくて、バランスのとれた食事ができない人が多い。

☐☐ **2** Some people depend heavily on supplements without paying enough attention to having a balanced diet.

発音 ☐ supplement [sʌ́pləmənt]
語注 ☐ depend on ~ ~に頼る
☐ supplements サプリメント
☐ pay attention to ~ ~に注意を払う

サプリメントに頼りすぎて、バランスのよい食事に十分な注意を払わない人もいる。

☐☐ **3** Recently in Japan, an increasing number of people have become aware of the bad effects of smoking.

発音 ☐ increasing [inkríːsiŋ]
語注 ☐ an increasing number of ~ ますます多くの~
☐ become aware of ~ ~を意識するようになる
☐ bad effects 悪影響；害

最近日本では、ますます多くの人が、喫煙の害を意識するようになってきている。

✔Check! とっさに使える基本動詞も覚えよう

get のコンセプトは「あるものに向かって（動かして）至る」「あるものが自分に向かって来る」で、get a hair cut（髪を切ってもらう）、get on[off] the train（電車に乗る［を降りる］）、get in a car（車に乗る）などが重要。

CD 1　10

第2章　音読練習

日本語訳

□ **4** The movement toward creating smoke-free environments will probably continue to grow in the future.

発音　□ environment [inváiərəmənt]
語注　□ smoke-free environments　タバコの煙のない環境

タバコの煙のない環境作りへ向けた動きは、おそらくこれからも拡大するだろう。

□ **5** Since many people cannot drink safe water, they are likely to suffer from various diseases.

発音　□ disease [dizí:z]
語注　□ be likely to suffer from~　～にかかりやすくなる
　　　□ various diseases　色々な病気

多くの人たちは、安全な飲み水を得ることができないため、色々な病気にかかりやすくなっている。

□ **6** Today, water problems are becoming more and more serious all over the world.

発音　□ serious [síəriəs]
語注　□ become serious　深刻になる
　　　□ all over the world　世界中で

今日、水の問題は世界中でますます深刻になってきている。

Unit 6 旅行・レジャー

CDをよく聞いて、「旅行・レジャー」に関する英文の音読練習をしましょう。

1

By visiting World Heritage sites, tourists have opportunities to learn about their history and enjoy the beauty of nature.

発音 □ heritage [héritidʒ]
語注 □ World Heritage site 世界遺産
□ have an opportunity to do ～する機会を得る

日本語訳
世界遺産を訪れることによって、旅行者はその歴史を学び自然の美を楽しむ機会を得る。

2

It is everyone's responsibility to protect scenic spots and places of historic interest.

発音 □ responsibility [rispɑ̀nsəblíəti]
語注 □ responsibility 責任

景勝地や史跡を保護することは、みんなの責任である。

3

In Japan, there are still many professional craftsmen who have the skills of making traditional products by hand.

発音 □ craftman [kræftmən]
語注 □ professional craftsman 職人
□ traditional products 伝統工芸品

日本には、伝統工芸品を手作りする技術を持った職人がまだ大勢いる。

✓Check! とっさに使える基本動詞も覚えよう

come のコンセプトは「**ある対象に近づいてゆく**」で、come to my mind（思い浮かぶ）、Come on!（まさか。）、The dream will come true.（その夢は叶うでしょう。）、My friend came over to me.（友人が私を訪ねてきた。）などが重要。

4
Some craftsmen are worried that their traditional hand craft will be lost forever because they have no one to pass down their skills to.

語注
- pass down the skill 技術を伝える
- lose forever 永遠に失う

日本語訳
職人の中には、技術を引き継ぐ後継者がいないので、彼らの伝統工芸が永遠になくなってしまうのではないかと心配している人もいる。

5
People living in apartments are creating their own collections of potted plants and enjoy gardening in a limited space.

発音
- potted [pátid]

語注
- potted plants 鉢植えの植物
- enjoy ~ing ~するのを楽しむ

日本語訳
アパート暮らしの人が、たくさんの鉢植えの植物を育てて、限られたスペースでガーデニングを楽しんでいる。

6
Gardening can help reduce the stress of a busy daily life.

語注
- reduce stress ストレスを減らす

日本語訳
ガーデニングは忙しい日常生活のストレスを減らすのに役立つのである。

Unit 7 ビジネス・経済

CDをよく聞いて、「ビジネス・経済」に関する英文の音読練習をしましょう。

日本語訳

1. Many large supermarkets in Japan are selling their own products called "private-brand" products.

語注 ▶ □ sell products 商品を販売する

日本の多くのスーパーマーケットは、プライベートブランドという独自の商品を販売している。

2. "Private-brand" products are sometimes as good as famous brand-name products and usually less expensive.

発音 ▶ □ attracting [ətrǽktiŋ]
語注 ▶ □ brand-name products ブランド商品

プライベートブランド商品は、時々ブランド商品と同じ品質で、しかもブランド商品ほど高価でない。

3. Nowadays there are often advertisements in unexpected objects, such as escalator handrails or straps in a train.

発音 ▶ □ advertisement [ædvərtáizmənt]
語注 ▶ □ unexpected objects 予想外のもの
□ escalator handrails エスカレーターの手すり
□ straps つり革

最近、エスカレーターの手すりや電車のつり革のような予想外のものに、しばしば広告がある。

✓Check! とっさに使える基本動詞も覚えよう

put のコンセプトは「**あるものをある所・状態に置く**」で、put off the game (その試合を延期する)、put on a new coat (新しいコートを着る)、put away toys (おもちゃを片付ける)、put out a light (明かりを消す) が重要。

CD 1 12

第2章 音読練習

4 Advertisements are sometimes annoying to consumers, but they help consumers decide what to buy.

発音 □ annoying [ənɔ́iiŋ]
語注 □ consumer 消費者
□ annoying うっとうしい

日本語訳
広告は時には消費者にとってうっとうしくなることもあるが、消費者が何を買うかを決める手助けになる。

5 More and more people are shopping on the Internet, because Internet shopping can save time and money.

語注 □ shop on the Internet インターネットで買い物をする
□ save time and money 時間とお金の節約をする

インターネットショッピングは時間とお金の節約になるので、インターネットで買い物をする人がますます多くなっている。

6 Customers are sometimes cheated by companies that send inferior products or charge their customers too much.

発音 □ cheat [tʃíːt]
語注 □ inferior goods 質の劣る商品
□ charge too much 高すぎる金額を請求する

顧客は時々、質の劣る商品を送ったり、高すぎる金額を請求するような会社にだまされることもある。

Unit 8 人間関係・マナー

CDをよく聞いて、「人間関係・マナー」に関する英文の音読練習をしましょう。

1
Many pet owners enjoy companionship with their pets, but sometimes find it very difficult to take care of their pets.

発音 ▶ □ companionship [kəmpǽnjənʃip]
語注 ▶ □ pet owner ペットの飼主
□ take care of ~ ～の世話をする

日本語訳
多くのペットの飼主はペットと共にいることを楽しんでいるが、ペットの世話をすることは非常に大変と思うこともある。

2
Many people believe that keeping a pet teaches children the value of life and a sense of responsibility.

語注 ▶ □ the value of life 命の大切さ
□ a sense of responsibility 責任感

ペットを飼うことで、子供たちは命の大切さや責任感というものを教えられると、多くの人は思っている。

3
Talking loudly or eating something on the train often disturbs other passengers.

発音 ▶ □ disturb [distə́ːrb]
語注 ▶ □ talk loudly 大声で話す
□ disturb other passengers 他の乗客に迷惑をかける

電車の中で大声で話したり、食べたりすることは、しばしば他の乗客に迷惑をかける。

✔Check! とっさに使える基本動詞も覚えよう

make のコンセプトは「**ある物を、新しい別の物（状態）にする**」で、make a speech（スピーチをする）、make a bed（布団を敷く）、make a decision（決断を下す）、The news made me happy.（その知らせを聞いてうれしくなった。）などを覚えておこう。

CD 1　13

4
Although it is difficult for everybody to agree on how to behave, we should try not to do things that cause trouble for others.

発音 □ behave [bihéiv]
語注 □ agree on ～に合意する
□ cause trouble for others
他人に迷惑をかける

日本語訳
どのように振舞うべきか皆が合意することは難しいことであるが、私たちは他人に迷惑をかけないように、心掛けなければならない。

第2章　音読練習

【音読はストレスとイントネーションが重要！】

英文を音読する時は、キーワードに「ストレス」と「イントネーション」をつけることが重要です。たとえば、John has a book. という英文の場合、キーワードは John と book なので、決して棒読みせずに、その2語を他の語よりも強く読み、John は「上昇音調」で、book は「下降音調」で読みます。CDを何度も聞きながら一緒に音読し、ストレスとイントネーションを会得しましょう。

Unit 9 結婚・家族

CDをよく聞いて、「結婚・家族」に関する英文の音読練習をしましょう。

1
In Japan, the number of children has been decreasing for the past several decades.

発音 □ decrease [dikríːs]
語注 □ decades 数十年間

日本語訳
日本では、子供の数が過去数十年で減少してきている。

2
Many people think that fewer children will lead to a shortage of workers in the future.

発音 □ shortage [ʃɔ́ːrtidʒ]
語注 □ lead to a shortage of ~ ~不足につながる

多くの人々は、少子化が将来、労働力の不足につながるだろうと考えている。

3
It is difficult for parents of a nuclear family to handle both office work and child raising.

発音 □ nuclear [njúːkliər]
語注 □ nuclear family 核家族
　　　□ child raising 子育て

核家族の親にとって、仕事と子育ての両方を行うのは難しいことである。

> ✔Check! **とっさに使える基本動詞も覚えよう**
>
> go のコンセプトは「**ある所・状態から離れていく**」で、go smoothly[well]（うまくいく）、go on a diet（ダイエットをする）、go bad（腐る）、The alarm went off．（目覚まし時計が鳴った。）、などがある。

CD 1 14

4
Some companies are introducing the system of providing childcare services to employees with small children in the workplace.

発音 □ introduce [ìntrədjúːs]
語注 □ introduce the system　システムを導入する
　　　 □ childcare service　育児サービス

日本語訳

いくつかの会社で、小さな子供を持つ従業員に職場で育児サービスを提供するシステムを導入しつつある。

第2章　音読練習

【音読は「チャンキング」に注意！】

　英文を音読する時は、「チャンキング」といって、ある意味のまとまりある部分を、リズムが狂うことなく一気に読む必要があります。たとえば1の例文の場合、最低でも In Japan と the number of children と has been decreasing と for the past several decades は、それぞれ詰まることなく一気に読まなくては、意味が聞き手に伝わりにくくなってしまいます。ですから、CDを聞いてスラスラ読めるようになるまで、何度も音読練習しましょう。

【二次試験受験生へのアドバイス】

合格への最短距離は、不合格の受験生の特徴をつかんだ上で、合格対策を立てることが重要です。まず【英文音読】で不合格者に多いのは、3単現のsや複数形のsを読みとばしたり、重要単語を読み間違ったり（例：raise［ライズ］× →［レイズ］〇）、不要な母音を語尾に入れて日本語のように発音する（例：student［スチューデントォ］×）ミスです。それらはかなりの失点になるので、十分注意をしてそういったミスを犯さないように、普段から心がけることです。

【パッセージに関する質問】では、カードの英文をそっくり抜き出し解答する受験生が多いですが、代名詞などの指示内容を具体的に示して解答する必要があります。

【漫画描写】では、漫画の情報を短時間で把握できず、描写情報が少ない、または単語力が乏しく、十分に絵を描写できないことが挙げられます。落ち着いて漫画の内容をくみ取るように、また日頃から英語表現力UPに努めましょう。

最も差がつく【社会問題Q&A】では、YesかNoの理由2つを思いつかない、または理由を述べた後のサポートが不十分、などの理由で合格解答にいたらないケースが多いです。まずは、社会問題に対する意識を高め、日本語でもよいので、日頃から賛成・反対のスタンスを決め、理由を2つ述べられるようにトレーニングしておきましょう。

また、合格に重要な【アティチュード】のスコアをUPさせるためには、面接委員に向って大きな声ではっきりと話す必要があります。みなさん、以上の点に気をつけ、普段から「音読」や「アイコンタクト」の練習に励みましょう。

第3章

短文練習

CD 1 15 → CD 1 41

英検2級の面接必須テーマから、ワンフレーズの短文を瞬間的に言えるようになる練習を行います。右ページを目隠しシートで隠して、日本語を見てそれを英語で言ってみてください。何度も繰り返して練習しておけば、本番に必ず役に立ちます。

Unit 1 日常生活①

ここで挙げてある表現は、日常の会話に出てくる頻度の高いものばかりですので、スラスラ言えるようにしておきましょう。

---

1. 母は毎日庭の植物に水をやります。 → **water the plants** 植物に水やりをする

2. 近頃、公衆電話はなかなか見つかりません。 → **pay phone** 公衆電話

3. 彼女は生計を立てるために一生懸命働かなくてはなりませんでした。 → **make a living** 生計を立てる

4. 彼はテレビをつけっ放していた事に気がつきました。 → **leave ~ on** つけっ放しにしておく

5. 父はあまり家にいません。 → **seldom** あまり~ない

6. 彼はその本を読んで一晩中起きていました。 → **stay up all night** 徹夜する

7. 彼女の家族は毎週日曜の夜は外食します。 → **eat out** 外食する

8. 彼らは職場から遠くに住んでいます。 → **live far away from ~** ~から遠くに住む

Unit 1

✔Check! とっさに使える基本動詞も覚えよう

meet のコンセプトは「**出会う**」で、meet him by accident（彼に偶然出会う）、meet the deadline（締め切りに間に合わせる）、meet him at the restaurant（彼とレストランで落ち合う）、meet the schedule（スケジュールに間に合わせる）などが重要。

CD 1　15

1　My mother waters the plants in the garden every day.

2　It's hard to find a pay phone these days.
　→「携帯電話」は mobile phone や cellphone などを用いる

3　She had to work very hard to make a living.

4　He realized that he had left the TV on.

5　My father is seldom at home.

6　He stayed up all night reading the book.
　→ stay up late（夜更かしする）もよく使われる

7　Her family eats out every Sunday night.

8　They live far away from their workplace.

第3章　短文練習

日常生活②

ここで選んだ表現は普段の基本動作表現が中心です。どれもすぐに運用できるように音読しましょう。

☐☐ 1 彼は部屋にカギを忘れました。 ➡ **leave**
〜を忘れる

☐☐ 2 私は自分の仕事で毎日忙しいです。 ➡ **be busy with 〜**
〜で忙しい

☐☐ 3 私は部屋を離れるときいつも電気を消します。 ➡ **turn off the light**
明かりを消す

☐☐ 4 彼女は郊外に住んでいます。 ➡ **suburbs**
郊外

☐☐ 5 私は毎日母が夕食を準備するのを手伝います。 ➡ **help 〜 (to) ...**
〜が…するのを手伝う

☐☐ 6 母は毎日床に掃除機をかけます。 ➡ **vacuum the floor**
床に掃除機をかける

☐☐ 7 部屋を片付けるべきです。 ➡ **tidy up**
片付ける

☐☐ 8 私は書店でその最新号の雑誌にざっと目を通しました。 ➡ **look over**
ざっと目を通す

Unit 1

✔Check! とっさに使える基本動詞も覚えよう

work のコンセプトは「(糧を得るために) 働く・働かせる」で、This medicine works.(薬がよく効く)、work around the clock(四六時中働く)、work together(協力する)、The machine doesn't work.(その機械は動かない。)、The plan didn't work.(その計画はうまくいかなかった。)などが重要。

CD 1　16

1　He **left** the room key in the room.

2　**I'm busy with** my work every day.
　→ busy ~ing (~していて忙しい) も便利

3　I always **turn off the light** when I leave the room.
　→ turn on (〈電気などを〉つける) も合わせて覚える

4　She lives in the **suburbs**.

5　I **help** my mother **(to)** prepare dinner every day.

6　My mother **vacuums the floor** every day.

7　You should **tidy up** the room.

8　I **looked over** the latest magazine at the bookstore.

第3章　短文練習

Unit 2 子育て・教育①

子育てと教育に関する表現には、子供たちの「現状」を説明するための必須表現が含まれていますので二次試験にもそのまま役立ちます。

---

1. 多くの親たちは子供たちのために食べ物を準備する十分な時間がありません。
➡ **have enough time to ~**
～する十分な時間がある

---

2. 今日の若者は、より早く外国語を学ぶことができます。
➡ **today's young people**
今日の若者

---

3. その父親は息子からゲーム機を取り上げました。
➡ **take ~ away from…**
…から～を取り上げる

---

4. その母親は毎朝子供を起こします。
➡ **wake up**
起こす

---

5. 私たちは十代の若者が自動販売機からタバコを買うことを止めなければいけません。
➡ **stop … from ~ing**
…が～するのをとめる

---

6. もし生徒たちに制服があれば、彼らは学校に何を着ていくべきか悩む必要はありません。
➡ **what to ~**
何を～すべきか

---

7. 私の孫息子はこのぬいぐるみが大好きです。
➡ **stuffed animal**
ぬいぐるみ

---

8. その女性は一人で彼女の子供たちを育てました。
➡ **bring up**
(子を) 育てる

Unit 2

✔Check! とっさに使える基本動詞も覚えよう

work はその他、work it out（それを解決する）、work out（運動する）、work on the product（製品の開発に取り組む）、work out the details（詳細を詰める）、work off stress（ストレスを発散する）などがある。

CD 1 17

1. Many parents don't **have enough time to** prepare food for their children.

2. **Today's young people** can learn foreign languages faster.

3. The father has **taken** the game player **away from** his son.

4. The mother **wakes up** her child every morning.

5. We must **stop** teenagers **from** buy**ing** cigarettes from vending machines.
   ➡ from は省略可。vending machine（自販機）は重要。

6. If students have school uniforms, they don't have to worry about **what to** wear to school.

7. My grandson likes this **stuffed animal** very much.

8. The woman **brought up** her children by herself.

第3章 短文練習

子育て・教育②

この子育て・教育のカテゴリーでは、子供たちの「学校生活」「しつけ」「能力開発」などを表現するのにそのまま使える便利な表現がたくさんあります。

---

1. 生徒たちは読書やスポーツのような趣味にもっと時間を費やすべきです。
   ➡ **spend 時間 on ~**
   時間を~に使う

2. 生徒が英語をより早く学べるようにするため、学校は英語の授業をもっと増やすべきです。
   ➡ **give more classes to ~**
   ~の授業時間数を増やす

3. 自由時間の活用方法を知ることは生徒にとって大事なことです。
   ➡ **learn how to**
   ~の方法を学ぶ

4. 近頃、親たちは子供に十分厳しくしていません。
   ➡ **be strict with ~**
   ~に厳しい

5. ボランティア活動をすることは、生徒の人格を育てることに役立ちます。
   ➡ **do volunteer activities**
   ボランティア活動をする

6. クラブ活動は他人と一緒に協力してやっていくためのすばらしい機会を生徒に与えてくれます。
   ➡ **great opportunities to ~**
   ~する良い機会

7. 今日の子供たちは以前に比べて読書の量が少ないとよく言われています。
   ➡ **It is often said that ~.**
   ~だとしばしば言われている。

8. 定期的に読書する子供たちは言語を習得できるだけでなく、想像力も伸ばすことができます。
   ➡ **develop one's imagination**
   想像力をのばす

Unit 2

✓Check! とっさに使える基本動詞も覚えよう

try のコンセプトは「試しにやってみる」で、try the food（その食べ物を食べてみる）、try tennis（テニスにチャレンジする）、try the car（車を試乗する）、try a new product（新製品を試す）、try this on（これを試着する）などがある。

CD 1　18

1　Students should spend more time on their hobbies such as reading or sports.

2　Schools should give more classes to English so that students can learn English more quickly.

3　It is important for students to learn how to spend their free time.

4　Nowadays parents are not strict enough with their children.

5　Doing volunteer activities will help develop student's character.

6　Club activities give students great opportunities to work with others.

7　It is often said that children today read fewer books than before.

8　Children who read books regularly can not only learn language, but also develop their imagination.

第3章　短文練習

Unit 3 行動①

行動表現ではまず、「動き回る」「追いつく」「一列に並ぶ」などをはじめとする基本動作表現をしっかりと身につけましょう。

☐ 1 私が店を見て回っている間、私の赤ちゃんの世話をしてください。
→ **look around**
見物してまわる

☐ 2 顧客たちはケーキ屋さんで行列を作っていました。
→ **line up**
一列に並ぶ

☐ 3 私たちは毎日動き回るのに車が必要です。
→ **get around**
動き回る

☐ 4 ボランティア活動をすることで私は他の人から必要とされていると感じます。
→ **feel needed**
必要とされていると感じる

☐ 5 私は世界で起こっていることに追いついていく必要があります。
→ **catch up with ~**
~に追いつく

☐ 6 私は普通決断する前によく考えるための時間をとります。
→ **make a decision**
決定する、決断する

☐ 7 宿題を手伝ってもらえませんか？
→ **help ~ with one's homework**
宿題を手伝う

☐ 8 あなたは自分で宿題をしなければなりません。
→ **on one's own**
自分で

Unit 3

> ✓**Check!** とっさに使える基本動詞も覚えよう
>
> share のコンセプトは「**分かち合う**」で、share a room with my friend（友人と部屋を共有する）、share housework（家事を分担する）、share the umbrella（相合傘をする）、share a ride（相乗りする）など覚えておこう。

CD 1　19

1. Please take care of my baby while I'm **looking around** the shops.

2. Customers were **lining up** at the cake shop.

3. We need cars to **get around** every day.

4. Doing volunteer activities makes me **feel needed** by other people.

5. I need to **catch up with** what's happening in the world.

6. I usually take time to think carefully before I **make a decision**.

7. Will you **help** me **with my homework**?

8. You have to do your homework **on your own**.

第3章　短文練習

行動②

ここでも「寝入る」「持ち歩く」「息が切れる」などの基本動作表現が続きます。何度も音読して、自由に使えるようにしておきましょう。

☐☐ 1 　私は人に指図されたくありません。 → **tell ~ what to do** ～にすることを命令する

☐☐ 2 　私は月に一度庭の雑草を取り除きます。 → **weed the garden** 庭の雑草を取る

☐☐ 3 　私は階段を駆け上がったので息が切れました。 → **get out of breath** 息が切れる

☐☐ 4 　彼は老人に席を譲りました。 → **give one's seat to** 席を譲る

☐☐ 5 　私は家を出る前にちょっと化粧をしました。 → **put on some make-up** ちょっと化粧をする

☐☐ 6 　あなたは昨夜夜更かしすべきではありませんでした。 → **stay up late** 夜更かしをする

☐☐ 7 　その小さな少女はテレビを見ながら、ソファで眠り込んでしまいました。 → **fall asleep** 寝入る

☐☐ 8 　私はいつも買い物袋を持ち歩いています。 → **carry ~ around** ～を持ち歩く

Unit 3

✔Check! とっさに使える基本動詞も覚えよう

break のコンセプトは「**破壊・崩壊と誕生**」で、break one's promise [word]（約束を破る）、break the rule（規則を破る）、break up with my girlfriend（彼女と別れる）、break a 1000-yen bill（千円札をくずす）が重要。

CD 1 20

1. I don't want people to tell me what to do.

2. I weed our garden once a month.

3. I got out of breath from running up the stairs.

4. He gave his seat to an old man.

5. I put on some make-up before leaving home.

6. You shouldn't have stayed up late last night.
   ➡ stay up all night（徹夜する）も重要

7. The little girl fell asleep on the sofa while watching TV.

8. I always carry bags around for shopping.

第3章 短文練習

53

Unit 4 飲食・人間関係

飲食では「おいしい」「苦い」「酸っぱい」などの味覚を、人間関係では「直接会話する」「仲良くやる」などを表現できるようにしておきましょう。

1	妻は夫にビールをつぎました。	➡ **pour** 注ぐ；つぐ
2	ほとんどの母親たちは高校が給食を出してくれることを望んでいます。	➡ **serve** 出す；配膳する
3	これおいしいですか？	➡ **taste** 〜な味がする
4	この国では水道水を飲むことは安全です。	➡ **tap water** 水道水
5	日本は海外からの食糧に頼りすぎるべきではありません。	➡ **depend on** 依存する；たよる
6	直接会話することはとても重要です。	➡ **face-to-face conversations** 面と向かい合っての会話
7	遅れないように。人を待たすことは失礼なことなので。	➡ **rude** 無礼な
8	他人とうまくやっていく方法がわからない子供たちもいます。	➡ **get along with 〜** 〜と仲良くやっていく

Unit 4

✓Check! とっさに使える基本動詞も覚えよう

keepのコンセプトは「あるもの（状態）をある期間そのままに保っておく」で、keep that in mind（それを覚えておく）、keep a secret（秘密を守る）、This watch keeps good time.（この時計は正確だ。）、keep the door open（ドアを開けたままにする）が重要。

CD 1 21

1. The wife poured some beer for her husband.

2. Most mothers want high schools to serve lunch.

3. Does this taste good?
   ➡ taste bitter（苦い）、taste sour（酸っぱい）など

4. It is safe to drink the tap water in this country.

5. Japan shouldn't depend too much on food from overseas.

6. It is very important to have face-to-face conversations.

7. Don't be late. It's rude to keep people waiting.

8. Some children don't know how to get along with others.

第3章 短文練習

Unit 5 感情

ここでは、私たちの普段の感情表現を集めてありますので、スラスラ言えるようにしておきましょう。

1. 私は通りで転んだとき、とても恥ずかしかったです。 → **feel embarrassed** ばつの悪い；恥ずかしい

2. 人々は防犯カメラで見張られている気がするのが好きではありません。 → **be watched** 監視される

3. あの時すぐに決心することは難しいことでした。 → **make a quick decision** すばやく決断する

4. 彼はとてもうっとうしいです。 → **annoying** イライラさせる

5. 私はそれらの言う事をきかない子供たちを見ていると腹が立ちます。 → **naughty** わんぱくな

6. あなたを怒らせるつもりはありませんでした。 → **upset** 狼狽させる；かき乱す

7. 残念だ！ → **shame** ひどく残念なこと

8. もったいない！ → **waste** 無駄使い；浪費

Unit 5

✓Check! とっさに使える基本動詞も覚えよう

lose のコンセプトは「失う」で、lose 5 kilograms（5キログラムやせる）、lose a game（試合で負ける）、lose a chance（チャンスを失う）、lose a family member（家族を失う）、lose one's savings（貯金を失う）などを覚えておこう。

CD 1　22

1　I felt so embarrassed when I fell down on the street.

2　People don't like the feeling of being watched by security cameras.

3　It was difficult for me to make a quick decision at that time.

4　He is so annoying to me.

5　Those naughty kids make me angry.

6　I didn't mean to upset you.

7　What a shame!

8　What a waste!

第3章　短文練習

Unit 6 メディア①

メディア関係は二次試験によく出るトピックです。テレビ、インターネットに関する表現をどんどん覚えて表現力を UP させましょう。

1. その雑誌に広告を出しましょう。
   ➡ **put an advertisement**
   広告を出す

2. テレビコマーシャルはどんな新製品が売り出されているか教えてくれます。
   ➡ **on sale**
   販売されている

3. メディアはよく暴力的なシーンを含んでいます。
   ➡ **violent**
   暴力的な

4. ウイルス対策ソフトを常に最新にしておくことは重要なことです。
   ➡ **up to date**
   最新式の

5. メールは便利なコミュニケーションツールの一つです。
   ➡ **tool**
   道具；手段

6. テレビCMは最新の流行を示しています。
   ➡ **latest**
   最新の

7. 私はメッセージを送信した直後に返信を受け取りました。
   ➡ **get a response**
   返事をもらう

✓Check! とっさに使える基本動詞も覚えよう

catch のコンセプトは「動いているのをサッと捕える」で、catch a cold（風邪をひく）、catch a thief（泥棒を捕まえる）、catch a train（電車に間に合う）、I couldn't catch your name.（お名前を聞き逃してしまいました。）が重要。

1. Let's **put an advertisement** in the magazine.

2. TV commercials tell us what new products are **on sale**.

3. The media often contains **violent** scenes.

4. It's important to keep antivirus software **up to date**.

5. E-mail is one of the useful communication **tools**.

6. TV commercials show the **latest** trends.

7. **I got a response** soon after I sent a message.

メディア②

ここでもインターネット関連の表現がどんどん出てきます。関連表現と一緒にマスターしましょう。

---

1. 宣伝の影響で、人々はあんまり必要のないものまで買います。
→ **advertisement**
広告；宣伝

2. 電子辞書は小さくて持ち運びに便利です。
→ **electronic dictionaries**
電子辞書

3. 子供たちはフィクションと現実の区別がつけられません。
→ **tell the difference between ~ and ...**
～と…の区別をする

4. 親たちは子供たちに暴力的な映画の視聴を許可するべきではありません。
→ **allow + A + to do**
Aに…するのを許可する

5. 私たちはインターネットで最新のニュースを無料でより早く知ることができます。
→ **free of charge**
無料で

6. 生徒にとって、オンライン授業で他の人と意見を交換することは簡単なことではありません。
→ **exchange opinions during online lectures**
オンライン授業で意見交換をする

7. 生徒たちは自宅でインターネットを使って自分のペースで勉強ができます。
→ **study on the Internet**
ネット上で勉強する

> **✓Check!** とっさに使える基本動詞も覚えよう
>
> set のコンセプトは「ある定まった場所に据える」で、set an alarm clock（目覚まし時計をセットする）、set the place [date, time] for the meeting（会合の場所［日取り］を決める）、set a goal（目標を決める）などが重要。

CD 1 24

1. **Advertisements** make people buy products they don't really need.

2. **Electronic dictionaries** are small and convenient to carry.

3. Children can't **tell the difference between** fiction **and** reality.

4. Parents should not **allow** their children **to watch** violent movies.

5. We can get the latest news more quickly on the Internet **free of charge**.

6. It's not easy for students to **exchange opinions** with others **during online lectures**.

7. Students can **study** at home **on the Internet** at their own pace.

第3章　短文練習

Unit 7 国際・旅行・海外①

このテーマでは、「留学」や「文化」などに関する表現が多くでてきます。

---

1 姫路城は世界文化遺産に指定されています。
→ **world cultural heritage site** 世界文化遺産

2 畳は日本の伝統的なマットです。
→ **traditional** 伝統的な

3 彼女は多くの本を日本語に翻訳しました。
→ **translate A into B** AをBに訳す

4 多くの外国人観光客がその史跡を見に日本へやってきます。
→ **come to Japan** 日本へやってくる

5 その留学生はすぐに文化の違いに慣れるでしょう。
→ **get used to ~** ～に慣れる

6 留学生たちは海外生活に適応する必要があります。
→ **adapt oneself to** ～に適応する

7 外国から来た人々は日本語でコミュニケーションをとることに苦労しています。
→ **have a hard time ~ing** ～するのに苦労する

8 観光客の中にはゴミを路上に捨てる者がいます。
→ **throw away garbage** ゴミを捨てる

Unit 7

✔Check! とっさに使える基本動詞も覚えよう

wear のコンセプトは「身につけて、そしてすり減らす」で、wear a perfume（香水をつけている）、wear a seatbelt（シートベルトを着用する）、wear a new coat（新しいコートを着る）、The shoes have worn out.（靴が擦り切れる）が重要。

CD 1 25

1 Himeji Castle is designated as a **world cultural heritage site**.

2 "Tatami" is a **traditional** Japanese mat.

3 She **translated** many books **into** Japanese.

4 A lot of foreign tourists **come to Japan** to see the historic spots.

5 The international student will soon **get used to** cultural differences.

6 International students need to **adapt themselves to** life in foreign countries.

7 People from foreign countries **have a hard time** communicat**ing** in Japanese.

8 Some tourists **throw away garbage** on the street.

第3章 短文練習

国際・旅行・海外 ②

このテーマでは、「海外旅行」に関する表現が多く含まれています。しっかり音読練習しておきましょう。

☐ ☐ **1** 伝統的な日本の衣服も私たちの国の個性です。 → **identity** 個性；独自性；正体

☐ ☐ **2** 今日、日本食は世界中でとても人気があります。 → **Japanese food** 日本食

☐ ☐ **3** 日本の若い人たちは海外に旅行に行くことによって、たくさんの事を経験するべきです。 → **travel abroad** 海外に旅行に行く

☐ ☐ **4** 団体旅行はふつうあらかじめよく計画されています。 → **plan in advance** 事前に計画する

☐ ☐ **5** 人々は団体旅行の間に多くの観光地を見ることができます。 → **tourist attractions** 観光名所；観光地

☐ ☐ **6** ほとんどの人が自分のペースで旅行するのが好きです。 → **at one's own pace** 自分のペースで

☐ ☐ **7** 多くの人々が異なる文化について知ることに興味があります。 → **learn about** 聞く；知る

☐ ☐ **8** 私は騒がしい場所は、疲れてストレスがたまるので、好きではありません。 → **feel tired and stressed** 疲労とストレスを感じる

Unit 7

✓Check! とっさに使える基本動詞も覚えよう

play のコンセプトは「遊びとパフォーマンス」で、play sick（仮病を使う）、play catch（キャッチボールをする）、play cards（トランプ遊びをする）、play a big role（重要な役割を果たす）、play a trick on ～（～にいたずらをする）などがある。

CD 1 26

1. Traditional Japanese clothes are a part of our national **identity**.

2. **Japanese food** is very popular around the world these days.

3. Young people in Japan should experience many things by **traveling abroad**.

4. Group tours **are** usually well **planned in advance**.

5. People can see many **tourist attractions** during the group tour.

6. Most people like to travel **at their own pace**.

7. Many people are interested in **learning about** different cultures.

8. I don't like noisy places because they make me **feel tired and stressed**.

第3章 短文練習

Unit 8 買い物①

買い物に関する表現も、日常会話に頻繁に登場します。基本重要表現ばかりですので、いつでも運用できるようにしておきましょう。

1. 彼女はいつも最新の流行ファッションについていこうとしています。
   → **keep up with**
   遅れないでついていく

2. 彼は新しい車を買う余裕がありません。
   → **can afford to ~**
   ~する（経済的な）余裕がある

3. 私はショッピングをして時間を無駄にするのが好きではありません。
   → **waste time ~ing**
   ~して時間を浪費する

4. 私は週末に食料品を買いに行きます。
   → **shop for ~**
   ~を買いに行く

5. 人々は最新のコンピューターを買うために並んで待っています。
   → **wait in line**
   一列に並んで待つ

6. その商品はあなたの届け先住所に配達されます。
   → **deliver**
   配達する
   shipping address
   届け先住所

7. あなたは赤が似合います。
   → **look good**
   見栄えがする；順調に見える

8. 人に見せびらかすためだけにブランド品を買う人もいます。
   → **show off**
   見せびらかす

Unit 8

✓Check! とっさに使える基本動詞も覚えよう

miss のコンセプトは「**しそこなう**」で、miss the train（電車に乗り遅れる）、miss the chance（チャンスを逃す）、miss a class（授業を休む）、You can't miss it.（それは見逃せませんよ。）、I miss him.（彼がいなくてさびしいです。）などが重要。

CD 1　27

1 She always tries to keep up with the latest fashion trends.

2 He can't afford to buy a new car.

3 I don't like to waste time shopping.

4 I shop for groceries on weekends.

5 People are waiting in line to get the latest computer.

6 The item will be delivered to your shipping address.

7 You look good in red.
　● How does this look on me?（これ私に似合うかな?）や That dress suits you well.（そのドレス、よくお似合いですよ）なども重要表現

8 Some people only buy brand-name goods to show off.

第3章　短文練習

買い物②

ここでは、「試着」などの買い物する時の定番表現に加え、「消費者心理」に関する表現も多く含まれています。

---

1. これ試着したいのですが。
   → **try on** 試着する

2. 電子マネーのおかげで、現金を持ち歩く必要はありません。
   → **electronic money** 電子マネー

3. 買い物する時、私にとって値段より商品の品質がより重要です。
   → **quality** 品質

4. 品質の良いものは高くつきますが、長く使えます。
   → **last longer** 長くもつ；長く使える

5. 中古品は新品の商品よりも壊れやすいです。
   → **secondhand goods** 中古品

6. 多くの人々は古本のような中古品を買います。
   → **used book** 古本

7. 私はこの商品をプレゼント包装にしてもらいたいです。
   → **want gift-wrapped** 〜をラッピングして欲しい

8. 私はだれにも邪魔されずに買い物がしたいです。
   → **be disturbed by 〜** 〜に邪魔される

Unit 8

✔Check! とっさに使える基本動詞も覚えよう

save のコンセプトは「救う・取っておく」で、save energy（省エネする）、save money for a trip（旅行のために貯金する）、save a document（文書を保存する）、It saved me time and trouble.（時間と手間が省けた。）のように使える。

CD 1　28

1. Can I try this on?

2. Thanks to electronic money, people don't have to carry cash.

3. When I go shopping, the quality of goods is more important for me than the price.

4. High-quality products usually cost more but last longer.

5. Secondhand goods are more likely to break than new products.

6. Many people buy secondhand goods such as used books.

7. I want this item gift-wrapped.

8. I want to shop without being disturbed by anyone.

第3章　短文練習

Unit 9 レジャー・スポーツ

ここでは「余暇の過ごし方」に関する表現を多く選びました。どれも多岐にわたって使える基本重要フレーズが含まれますので、マスターしてください。

1. 音楽を聴くことはひまをつぶすいい方法です。
   → **pass (the) time** 時間をつぶす

2. その選手はオリンピックに参加しました。
   → **participate in** 参加する

3. 人々は自分の町よりも混雑していない場所に旅行に行こうとします。
   → **less crowded** 人がより少ない

4. 私はよく現代美術の展示会に行きます。
   → **exhibition** 展示（会）

5. 生徒たちは皆、毎週末、家に帰る事を許されています。
   → **be allowed to ~** ~するのを許されている（認めてられている）

6. その老人は通りを行ったり来たりしました。
   → **walk back and forth** 行ったり来たりする

7. 私の子供たちは寒さにもかかわらず外で遊んでいます。
   → **in spite of ~** ~にもかかわらず

8. その生徒はついにクラブ活動をやめました。
   → **quit** やめる；中止する

Unit 9

✔Check! とっさに使える基本動詞も覚えよう

let のコンセプトは「**自由に行動させる**」で、let me down(私を失望させる)、Let me try.(私にやらせて。)、Let me go.(行かせてください。)、Let me ask you a question.(質問させてください。)が重要。

CD 1 29

1. **Listening to music is a good way to pass the time.**

2. **The athlete participated in the Olympic Games.**
   ➲ 同様の表現に take part in がある

3. **People try to travel to less crowded places than their towns.**

4. **I often go to exhibitions of modern art.**

5. **All students are allowed to return home every weekend.**

6. **The old man walked back and forth on the street.**

7. **My children are playing outdoors in spite of the cold.**

8. **The student finally quit the club activity.**

第3章 短文練習

Unit 10 乗り物・交通

ここでは「交通機関」に関する表現から「道路状況」に関する表現まで、幅広く運用できるように練習しましょう。

---

1. 公共交通機関を使えば時間通りに目的地に着くことができます。
   → **destination** 目的地

2. ほとんどの人々は電車の中で、携帯電話で話すことを避けます。
   → **avoid ~ing** ~するのを避ける

3. 彼らは渋滞問題の良い解決策を見つけました。
   → **solution to ~** ~への解答;解決策

4. 信号が青に変わりました。
   → **traffic light** 信号

5. 私は三階までエレベーターに乗りました。
   → **take the elevator** エレベーターに乗る

6. 東京には充実した道路網があります。
   → **well-developed** よく発達した

7. 警察は道路に一時停止の標識をたてました。
   → **put up a sign** 標識をたてる

8. これらの道路は夜明るく照らされています。
   → **light** 明るくする;明りをつける (light-lit-lit)

Unit 10

✓Check! とっさに使える基本動詞も覚えよう

check のコンセプトは「調べて規制する」で、check the schedule（予定を確認する）、check one's baggage（手荷物を預ける）、check it out（それを調べる）、check out the book from the library（図書館で本を借りる）などを覚えておこう。

CD 1 | 30

1. You can get to your destination on time by public transportation.

2. Most people avoid talking on the cellphone in the train.

3. They found a good solution to the problem of heavy traffic.

4. The traffic light turned green.

5. I took the elevator to the third floor.

6. Tokyo has a well-developed network of roads.

7. The police put up a stop sign on the road.

8. These roads are brightly lit at night.

第3章 短文練習

Unit 11 トラブル

トラブルでは「迷子；行方不明」や「近所迷惑」や「事故」に関する表現も重要ですので、どんどん音読練習しましょう。

☐☐ **1** ご近所にとって、ペットはときどき騒がしいことがあります。 → **noisy** うるさい

☐☐ **2** 運悪く、彼は空港へ向かう途中で迷ってしまいました。 → **get lost** 道に迷う

☐☐ **3** 彼らは行方不明の少女を探しています。 → **search for** 捜索する

☐☐ **4** 彼女はその部屋でガス漏れの匂いをかぎました。 → **smell** 匂いがする

☐☐ **5** 私のカバンが電車のドアにはさまりました。 → **be caught in ~** ~にあう；~につかまる

☐☐ **6** 彼はトラブルに巻きこまれるのを避けようとしました。 → **get involved in trouble** トラブルに巻きこまれる

☐☐ **7** その映画スターはファンに囲まれました。 → **be surrounded by** ~に囲まれた

☐☐ **8** マナーの悪い人々が隣に住んでいます。 → **live next door** 隣に住んでいる

Unit 11

✓Check! とっさに使える基本動詞も覚えよう

hold のコンセプトは「しっかり持って支える」で、hold one's breath（息を殺す）、hold the line（電話を切らずに待つ）、hold a meeting（会議を開く）、hold him by the hand（彼の手をつかむ）、Hold on.（待って。）などがある。

1. Pets can sometimes be noisy for the neighbors.

2. Unfortunately, he got lost on the way to the airport.

3. They are searching for the missing girl.

4. She smelled a gas leak in the room.

5. My bag was caught in the doors of the train.

6. He tried to avoid getting involved in trouble.

7. The movie star was surrounded by her fans.

8. People with bad manners are living next door.

Unit 12 環境①

環境は二次試験では最も関心の高いトピックの一つです。「ゴミ問題」「環境汚染」など重要表現が多いので、何度も音読して覚えてしまいましょう。

1. 車の使用の増加が深刻な大気汚染を引き起こしました。
   → **air pollution** 大気汚染

2. 顧客に無料のビニール袋を配る事をやめたお店もあります。
   → **plastic bag** ビニール袋

3. 環境保護団体は、野生動物は自由であるべきだと言っています。
   → **environmental conservation group** 環境保護団体

4. その施設は多くの有毒な化学物質を貯蔵しています。
   → **toxic chemicals** 有毒な化学物質

5. 私たちは環境を保護する費用を分担するべきです。
   → **protect the environment** 環境を保護する

6. ゴミ処理はますます重要になってきています。
   → **deal with** を扱う；処理する；論じる

7. エコツーリズムは地元企業と環境の両方に利益をもたらします。
   → **bring benefits to ~** ～に利益をもたらす

8. 私たちはゴミをさまざまな種類に分別しなければなりません。
   → **separate garbage** ゴミを分別する

Unit 12

✔Check! とっさに使える基本動詞も覚えよう

build のコンセプトは「築く」で、build a relationship（関係を作る）、build up physical strength（体力作りをする）、build trust（信用を築く）、build a better life（より良い生活を築く）のように使う。

CD 1 32

1. The increased use of cars caused serious **air pollution**.

2. Some stores stopped giving **plastic bags** to customers for free.

3. The **environmental conservation group** says that wild animals should stay free.

4. The facilities have a lot of **toxic chemicals**.

5. We should share the cost of **protecting the environment**.

6. It's getting more and more important to **deal with** garbage.

7. Ecotourism **brings benefits to** both local businesses and the environment.

8. We must **separate garbage** into different types.

第3章 短文練習

環境②

ここでは「エコ」に関する表現が多く含まれています。これも大変重要なトピックですので、しっかり練習しておきましょう。

---

1. 私たちは環境にやさしい製品を買うべきです。
   → **environmentally friendly product**
   環境に配慮した製品

2. 彼らはエアコン用の電力使用量を減らすべきです。
   → **electricity**
   電気；電力

3. 私たちは次世代のために自然環境を保つべきです。
   → **preserve**
   保護する；保つ

4. その工場は環境に深刻な害を及ぼしました。
   → **cause damage to**
   ～を害する

5. 通りにゴミを捨てる人々もいます。
   → **throw away garbage**
   ゴミを捨てる

6. 電気自動車は私が予想していた以上に安いです。
   → **cost less**
   安上がりである

7. 私たちは水道水を節約するために雨水を利用すべきです。
   → **make use of**
   利用する

8. 多くの顧客が食料品を運ぶのに自分のバッグを使うことをいやがりません。
   → **mind ～ing**
   ～することを気にする（いやがる）

Unit 12

> **✓Check!** とっさに使える基本動詞も覚えよう
>
> win のコンセプトは「勝ち取る」で、win (the) first prize（一等賞を勝ち取る）の他に、win a lottery（宝くじが当たる）、win a game（試合に勝つ）、win their support(trust)（彼らの指示［信頼］を勝ち取る）のように用いる。

CD 1 33

1. We should buy **environmentally friendly products**.

2. They should use less **electricity** for air conditioning.

3. We should **preserve** the natural environment for future generations.

4. The factory **caused** serious **damage to** the environment.

5. Some people **throw away garbage** on the street.

6. Electric cars **cost** much **less** than I expected.

7. We should **make use of** rainwater to save tap water.

8. Many customers don't **mind using** their own bags for carrying groceries.

第3章 短文練習

環境 ③

ここでは「再生エネルギー」関連の表現も重要。
環境については全般的に重要なものばかりなので、たくさん練習して自分のものにしてください。

---

1 私たちが快適に暮らしていくためには多くの燃料やエネルギーが必要です。
➡ **fuel** 燃料

2 多くの人がゴミ問題を真剣に考えていません。
➡ **garbage problem** ゴミ問題

3 私たちにはゴミを減らすための良い制度がありません。
➡ **reduce** 減らす

4 食品廃棄物が環境にさまざまな影響を与えているということを覚えておくべきです。
➡ **damage the environment** 環境に影響を与える

5 皿に多くの食べ物を食べ残す人が多い。
➡ **leave** 残す

6 太陽光発電はクリーンなエネルギー源です。
➡ **solar power** 太陽光発電

7 太陽電池パネルは曇りの日はあまりエネルギーを作りません。
➡ **produce** 生産する；製造する

8 電気自動車は従来の自動車よりも環境にやさしいです。
➡ **electric car** 電気自動車

Unit 12

✔Check! とっさに使える基本動詞も覚えよう

serve のコンセプトは「**必要・目的に応じて何かを供給する**」で、serve a customer（客に対応する）、serve as a model（手本となる）、serve a purpose（目的を果たす）、Breakfast is served at 7 a.m.（朝食は午前7時に出されます。）のように用いる。

1. We need a lot of fuel and energy to live a comfortable life.

2. Many people don't think about the garbage problem seriously.

3. We don't have a good system to reduce garbage.

4. We should remember that food waste damages the environment in many ways.

5. Many people leave a lot of food on their plates.

6. Solar power is a clean source of energy.

7. Solar panels don't produce much energy on cloudy days.

8. Electric cars are better for the environment than conventional cars.

Unit 13 ビジネス

ビジネスでは、「景気」や「雇用」に関する様々な重要表現をどんどん覚えていきましょう。

1. 経済情勢は悪化している。 → **get worse** 悪化する；悪くなる

2. それらの会社は従業員に厚生給付を提供しています。 → **fringe benefits** 厚生給付

3. 政府は失業の問題を解決しようとしています。 → **unemployment** 失業（率）

4. 企業は将来人手不足に直面するでしょう。 → **shortage** 不足

5. 彼は正社員になれて喜んでいました。 → **regular employee** 正社員

6. 私は、今日は残業をしなければなりません。 → **work overtime** 残業する

7. 彼は将来会社にとって重要な役割を果たすでしょう。 → **play an important role** 重要な役割を果たす

8. 彼らはその会社が実際にどういう会社であるのかを見る機会を得ました。 → **gain an opportunity** 機会を得る

Unit 13

✓ Check! とっさに使える基本動詞も覚えよう

settle のコンセプトは「**解決・確定させる**」で、settle the conflict [dispute]（紛争を解決する）、settle the debate（議論に決着をつける）、settle in a foreign country（外国に定住する）、It's settled.（決まりだね。）などを覚えておこう。

CD 1 35

1. Economic conditions are getting worse and worse.

2. Those companies offer fringe benefits to their employees.

3. The government is trying to deal with the unemployment problem.

4. Companies will face a shortage of workers in the future.

5. He was happy to be a regular employee.

6. I have to work overtime today.

7. He will play an important role for the company in the future.

8. They gained an opportunity to see what the company is really like.

第3章 短文練習

Unit 14 健康①

健康は、日常会話でも、英検の二次試験でも頻繁に出てくるトピックです。すべて使用頻度の高い表現ですので、自由に運用できるようにしてください。

---

1. 彼は健康診断のために医者に行きました。
   → **go to see a doctor**
   医者に行く；医者に診てもらう

---

2. 彼女は食べ過ぎで太りました。
   → **put on weight**
   体重が増える

---

3. 煙草の煙は喫煙者同様に非喫煙者にも有害であるとみなされています。
   → **consider**
   みなす；よく考える

---

4. 果物や野菜はミネラルとビタミンを含んでいます。
   → **contain**
   含む

---

5. 妻は夫のお酒の飲み過ぎを心配しています。
   → **be worried that ~**
   ~を心配する

---

6. 運動をすることはストレスを解消するためのよい方法です。
   → **relieve one's stress**
   ストレスを和らげる；解放する

---

7. 多くの人が忙しすぎて、定期的にジムに行くことができません。
   → **too ~ to ...**
   ~すぎて…できない

Unit 14

✓Check! とっさに使える基本動詞も覚えよう

prepare のコンセプトは「準備する」で、prepare a report（報告書を作る）、prepare dinner（夕食を作る）、prepare for a test（テストの準備をする）、prepare to leave（出発の準備をする）、prepare for a speech（スピーチの準備をする）などが重要。

CD 1 36

1 He **went to see a doctor** for a checkup.

2 She **put on weight** from eating too much.
→ gain weight とも言える

3 Cigarette smoke is **considered** to be harmful to nonsmokers as well as smokers.

4 Fruits and vegetables **contain** minerals and vitamins.

5 The wife **is worried that** her husband drinks too much.

6 Doing physical exercise is a good way to **relieve your stress**.

7 Many people are **too** busy **to** go to a gym regularly.

第3章 短文練習

健康②

ここでも、健康に関する話題で必須表現ばかりを選んでいます。何度も音読してスラスラ言えるようにしておいてください。

---

1. 私は時々寝不足で頭痛がすることがあります。
   → **get a headache**
   頭痛がする

---

2. あなたはサラダなどの健康的な食事をするべきです。
   → **such as ~**
   例えば～；～のような

---

3. 食塩を取りすぎることは健康に悪影響を与えます。
   → **have a bad effect on**
   ～に悪影響を与える

---

4. その医者はその患者に喫煙をやめることをすすめました。
   → **advise + 人 + to do**
   人に～するよう助言する；すすめる

---

5. 彼らは脂肪分や糖分の多い食物を食べないようにしています。
   → **food high in fat and sugar**
   脂肪分や糖分の多い食物

---

6. あなたは健康でいるために定期的に運動すべきです。
   → **do regular exercise**
   定期的に運動する

---

7. 私の娘は病気に苦しんでいます。
   → **suffer from ~**
   ～に苦しむ；悩む

✓Check! とっさに使える基本動詞も覚えよう

cover のコンセプトは「覆う」で、cover the table with a table cloth（テーブルにテーブルクロスを敷く）、cover one's legs（足を隠す）、cover the incident（その事件を報道する）、be covered with snow（雪で覆われている）のように使う。

CD 1　37

1. I sometimes get a headache from lack of sleep.

2. You should have healthy meals such as salads.

3. Taking too much salt has a bad effect on our health.

4. The doctor advised the patient to stop smoking.

5. They refrain from eating foods high in fat and sugar.

6. You should do regular exercise to stay healthy.

7. My daughter is suffering from a disease.

健康③

ここでは、「人々の食習慣」に関する表現が多く含まれています。これらもまた重要で基本的なフレーズばかりなので、しっかり身につけましょう。

---

1 若者たちはバランスの良い食事をとる事が大切であるとわかっています。
→ **have balanced diet**
バランスの良い食事をとる

---

2 ほとんどの人は何を食べるかについて気をつけています。
→ **be careful about 〜**
〜について注意深い

---

3 多くの若者はファストフードを食べすぎます。
→ **too much**
多すぎる

---

4 たくさんの若い人々が、安くておいしいという理由で、毎日ジャンクフードを食べています。
→ **junk food**
ジャンクフード

---

5 人々は近頃自分たちの健康について気づかっています。
→ **be concerned about 〜**
〜について心配している

---

6 自転車通勤は環境にやさしいです。
→ **better for the environment**
環境により良い

✓Check! とっさに使える基本動詞も覚えよう

bring のコンセプトは「持ってくる」で、Bring me the bill.（勘定を持ってきて下さい。）、bring down the price（値段を下げる）、bring people together（人々を集める）、bring up a child（子供を育てる）などが重要。

CD 1　38

1. Young people know the importance of having a balanced diet.

2. Most people are careful about what they eat.

3. A lot of young people eat too much fast food.

4. Many young people eat junk food every day because it's cheap and tastes good.

5. People are more concerned about their health these days.

6. Riding bicycles to work is better for the environment.

Unit 15 テクノロジー①

テクノロジーは、環境や健康と共に、最近圧倒的に頻度の高いトピックになっています。しっかり対策をしておきましょう。

☐☐ **1** 多くの子供たちがオンラインゲームで遊ぶのに時間をかけ過ぎています。 ➡ **spend (時間) ~ing**
〜するのに時間を使う

☐☐ **2** 電子辞書では言葉を素早く調べることができます。 ➡ **look up**
調べる

☐☐ **3** インターネット上の情報を制御することは不可能です。 ➡ **control information**
情報を制御する

☐☐ **4** インターネットで人と通信するのは便利です。 ➡ **convenient**
便利な；都合のよい

☐☐ **5** 基本的に、子供たちはビデオゲームに惹きつけられます。 ➡ **be attracted to**
〜に魅了される

☐☐ **6** たくさんの子供たちが夜遅くまでインターネットを使っています。 ➡ **until late at night**
夜遅くまで

☐☐ **7** すべての人々がパソコンの使い方を知る必要があります。 ➡ **how to use ~**
〜の使い方

✓Check! とっさに使える基本動詞も覚えよう

spread のコンセプトは「広げる」で、spread a blanket（毛布を広げる）、spread a rumor（うわさを広める）、spread butter on the bread（トーストにバターを塗る）、spread across the Internet（インターネット上に広がる）などが重要。

CD 1 39

1. Many children spend too much time playing online games.
   ● spend two hours studying のように具体的な時間を入れても使える。

2. You can quickly look up words in electronic dictionaries.

3. It is impossible to control information on the Internet.

4. It's convenient to communicate with others on the Internet.

5. Basically, children are attracted to video games.

6. Many children use the Internet until late at night.

7. Everyone needs to know how to use a computer.

テクノロジー②

ここでは、「防犯カメラ」や「携帯電話」に関する表現が重要です。スラスラ言えるようになるまで、音読しましょう。

---

1. 若者に悪影響を与える暴力的なコンピューターゲームもあります。
   → **have a bad influence on ~**
   ～に悪影響を与える

2. 親たちは携帯電話で子供たちといつでも連絡が取れます。
   → **contact ~**
   ～と連絡を取る

3. 携帯電話は子供たちの安全の役に立ちます。
   → **useful**
   役に立つ；便利な

4. 防犯カメラはさまざまな場所で犯罪を防止するのに役立ちます。
   → **security cameras**
   防犯カメラ；監視カメラ

5. 多くの防犯カメラが街の通りに設置されています。
   → **set up**
   設置する；建設する

6. 携帯電話を使うことは生徒たちが勉強することをたびたび妨げます。
   → **prevent ... from ~ing**
   …が～するのを妨げる

7. インターネットでの授業は生徒が好きな時に勉強することを可能にします。
   → **make it possible for ~ to ...**
   ～が…するのを可能にする

✓Check! とっさに使える基本動詞も覚えよう

suffer のコンセプトは「悪いことを被る」で、suffer pain（苦痛を感じる）、suffer from a disease（病気を患う）、suffer serious damage [injuries]（深刻な被害[損傷]を受ける）、suffer a big earthquake（大地震に見舞われる）などを覚えておこう。

CD 1 40

1. Some violent computer games have a bad influence on young people.

2. Parents can contact their children at any time with their cellphones.

3. Cellphones can be useful for children's safety.

4. Security cameras can help prevent crime in various places.

5. A lot of security cameras are set up on city streets.

6. Using cellphones often prevents students from studying.

7. Online teaching makes it possible for students to study anytime.

第3章 短文練習

Unit 16 その他

ここでは、その他の覚えておきたい重要表現をのせてあります。これらも自由に運用できるようにして頑張ってください。

☐☐ 1 市は厳しい規定を導入することを決めました。
➡ **introduce**
導入する；発表する

☐☐ 2 現在の税制は中産階級には不公平です。
➡ **unfair**
不公平な

☐☐ 3 これらの製品は飛行機で大阪に輸送されます。
➡ **transport**
輸送する；運ぶ

☐☐ 4 人々はテロリズムを大きな脅威とみなしています。
➡ **consider ~ as ...**
~を…とみなす

☐☐ 5 この写真は私に祖父を思いださせます。
➡ **remind ~ of ...**
~に…の事を思い出させる〔気付かせる〕

☐☐ 6 子供たちは動物の世話をすることによって、責任を負うべきことを学びます。
➡ **responsible**
責任のある；信頼できる

✓Check! とっさに使える基本動詞も覚えよう

turn のコンセプトは「**方向転換・変化**」で、turn red（赤くなる）、turn 40（40歳になる）、turn a chair（椅子を回転させる）、turn a check into cash（小切手を現金に換える）などを覚えておこう。

CD 1 41

1. The city has decided to introduce strict rules.

2. The current tax system is unfair to the middle class.

3. These products will be transported to Osaka by airplane.

4. People consider terrorism as a great threat.

5. This picture reminds me of my grandfather.

6. Children can learn to be responsible by taking care of animals.

第3章 短文練習

95

【シーンとシーンのつなぎ言葉】

3コマ漫画の描写をする際に、シーンとシーンのつなぎ言葉をしっかり使いこなすことも重要です。一覧にまとめましたのでチェックしておきましょう。

使用度★★★

☐ One day [evening]	ある日（ある夕方）
☐ The next day [morning]	次の日（次の日の朝）
☐ A year [few days, few hours] later	1年後（数日後／数時間後）
☐ Later that day [evening]	同日の後ほど（その日の夕方）
☐ After class [the party / the concert / the game / the performance]	授業（パーティー／コンサート／試合／公演）の後
☐ At [During] the meeting [party / interview]	会議で（パーティーで／インタビューで）
☐ That weekend [night / morning]	その週末（その夜／その朝）
☐ Later at home	その後、自宅で

使用度★★

☐ On the day of the event [party]	イベント当日（パーティー当日）
☐ On the way to ～	～に向かう途中で
☐ On the train home	帰宅途中の電車で
☐ At the end of the day	その日の最後に
☐ From that day on	その日から
☐ Next day at a sports shop [a restaurant / a café / school]	翌日スポーツ店（レストラン／カフェ／学校）で
☐ On Aki's birthday	アキの誕生日に
☐ One hour later at Aki's house	一時間後、アキの家で
☐ That evening in the bathroom	その日の夜、浴室で
☐ That weekend in the mountains	その週末、山で
☐ During lunch that day	その日の昼食時
☐ Just before afternoon classes	午後のクラスの直前に

第4章

模擬テスト 12回分
+応答練習

CD 2 01 → CD 2 91

　短文練習で英語のスピーキングに慣れてきたら、さっそく実践練習。12回分のExercise（模擬テスト）に取り組んでみましょう。CDにはパッセージ音読の見本、3コマ漫画の描写問題のモデルナレーション、面接官の声を想定した質問文、モデル解答の音声が収録されています。

　Exerciseが終わったら、引き続きそのジャンルに関する応答練習（Q&Aトレーニング〈1〜3問〉）にトライしましょう。

　2級面接の社会問題Q&Aに対する解答には、「2つの理由」を述べる場合と、「1つの理由＋そのサポート」を述べる場合があります。後者は、英語で論理的に発信する際の基本となる型ですので、トレーニングしておくと、海外の人と英語で論理的なコミュニケーションを図る際に大変役立つでしょう。

Exercise 1

Increasing volunteer activities

Nowadays, more and more people are taking part in volunteer activities in Japan. Volunteers usually clean up parks, care for elderly people, and serve as a guide for tourists in the local community. Some people even go to other countries for volunteer activities. Although they may have trouble in foreign countries because of cultural differences, they can have good opportunities to learn about different values, and in the process, will come to appreciate their own culture.

お手本音声 ▶ CD 2 01

Questions

No.1 ▶ According to the passage, what benifits do some people get from going to other countries for volunteer activities?

No.2 ▶ Now, please look at the picture and describe the situation. You have 20 seconds to prepare. Your story should begin with the sentence on the card.

(20 seconds) Please begin.

No.3 ▶ Today, many schools give students opportunities to do volunteer activities. Do you think schools should give opportunities to students to do volunteer activities?

No.4 ▶ Today, people's manners in public places are a common topic for discussion. Do you think people's manners on public transportation are getting worse?

Exercise 1

Your story should begin with this sentence:
One day, a man was enjoying jogging at the park.

1 I want to do the volunteer work, too.

The next weekend

2

Later in the evening

3

合格解答とポイント

No.1 ► According to the passage, what benefits do some people get from going to other countries for volunteer activities?

（パッセージによると、ボランティアのために他の国へ行くことから、ある人たちはどのような利点を得るのでしょうか?）

合格解答

They can get good opportunities to learn about different values, and in the process, will come to appreciate their own culture.

（彼らは異なる価値感について学ぶ機会を得ることができ、その過程で、自分自身の文化の良さがわかるようになります）

ここを押さえて！

質問は **what benefits**（どんな利益があるのか）を尋ねています。ヒントは最後の文です。間違いやすい解答は、Although they sometimes have difficulties in foreign countries because of cultural differences, they can have good opportunities to learn about different values and come to appreciate their own culture. のように、Although からの文を全部音読する答え方です。必ず「ポイント」となる部分だけに絞って解答する練習を積んでおきましょう。

パッセージの訳　ボランティア活動の増加

最近日本では、ますます多くの人々がボランティア活動に参加しています。ボランティアたちはたいてい公園の掃除や、お年寄りの世話、地元で観光客のガイドをしたりします。ボランティアのため外国にいく人もいます。外国では時々、文化の違いにより苦労をするかもしれませんが、彼らは異なる価値感を学ぶ機会を得ることができ、その過程で自分自身の文化の良さがわかるようになります。

語句注
- □ serve as　〜として従事する
- □ have trouble　苦労をする
- □ appreciate　良さがわかる；高く評価する

Exercise 1

No.2 ▶ Now, please look at the picture and describe the situation. You have 20 seconds to prepare. Your story should begin with the sentence on the card.

(20 seconds) Please begin.

（イラストを見て状況描写をしなさい。20秒の準備時間があります。ストーリーはカードに書かれた文を使って始めてください）

モデル・ナレーション

1

One day, a man was enjoying jogging at the park. On the way back home, he saw volunteers cleaning up the park. He thought, "I want to do the volunteer work, too."

訳　ある日、男性は公園でジョギングを楽しんでいました。家へ戻る途中で、彼はボランティアたちが公園を掃除する姿を見かけました。彼は「自分もボランティアしたい」と思いました。

攻略法

ポイントは「男性が公園でボランティア活動を見て、自分もしてみたいと思った」ことです。
on the way back home（家まで帰る途中で）はこのまま覚えておきたい重要表現。on the way to は「～に向かう途中」を表し、他に on the way to the airport（空港まで行く途中で）のように使います。他の関連表現として、pick up trash on the street（道のゴミ拾いをする）も覚えておきましょう。

➡ 次のページへ続く

2

The next weekend, he was doing the volunteer work at the park. Although it was tough, he was very happy to clean up the park and make a contribution to the local community.

訳 次の週末に、彼は公園でボランティアをしていました。それは大変なものでしたが、公園を清掃し地域社会に貢献ができて、彼は幸せでした。

攻略法

ポイントは「男性が公園のボランティアに参加した」ことです。「貢献する」は解答例にあるように make a contribution to the local community（地域社会に貢献をする）や contribute greatly to the society（社会に大いに貢献をする）、などの表現があります。作業が「大変」や「きつい」は tough で表現する他に、tiring（疲れさせる）、hard（つらい）、exhausting（ヘトヘトに疲れさせる）などのバリエーションも覚えておきましょう。

3

Later in the evening, he came home and found lots of dirty dishes and clothes in his room. He got too tired from the volunteer work to do the housework.

訳 その日の夕方、彼は家に帰り、部屋にたくさんの汚れたままのお皿や洗濯物を見つけました。彼はボランティアでひどく疲れてしまって、家事ができませんでした。

攻略法

ポイントは「男性がボランティアで疲れてしまい、自分の家の掃除をする気になれなかった」ことです。do the housework（家事をする）や、この他の関連表現 put away toys（おもちゃを片付ける）、do [clear/organize] the desk（机の上を整理整頓する）、clean up the mess（散らかっているものを片付ける）も覚えておきましょう。また解答例以外に、He found that his room was such a mess.（彼は自分の部屋がとても散らかっていることを知った）や、He was too tired to clean up the mess.（彼は疲れ過ぎて、その散らかりを片付ける気にはなれなかった）も適切です。mess は「物でゴチャゴチャ散らかっている状態」。

Exercise 1

No.3 ▶ Today, many schools give students opportunities to do volunteer activities. Do you think schools should give opportunities to students to do volunteer activities?

（今日では、多くの学校が生徒にボランティア活動をする機会を与えています。あなたは学校がそのような機会を設けるべきだと思いますか?）

合格解答 賛成

Yes, I think so. It's very important for students to do volunteer activities. They can learn a lot about society from such activities.

(はい、そう思います。生徒にとってボランティア活動をすることは大変重要です。彼らはそのような活動から社会について多くを学べます)

ここを押さえて!

「学校は生徒にもっとボランティアをさせるべきか」を問う問題。賛成意見として、まず「ボランティアが重要だから」と述べて平均点。さらに「社会のことを多く学べる」と続けて満点解答となります。他には **Students should be more encouraged to do volunteer work.**（生徒はもっとボランティアするよう奨励されなければならない。）のような答えも適切です。

合格解答 反対

No, I don't think so. They should be allowed to decide whether they do volunteer activities or not. Besides, it's better for them to focus on study while at school.

(いいえ、そう思いません。生徒はボランティアをするかどうかを自分で決断できるようにすべきです。それに、彼らは学校にいる間は勉強に集中すべきです)

ここを押さえて!

反対意見は、まず「生徒が自分でするかどうかを決めるべきだ」と答えて平均点。さらに「学校では勉強に集中すべき」と答えて満点ゲットです。**allow**（許す）、**while at school**（在学中は）。

No.4 ▶ Today, people's manners in public places are a common topic for discussion. Do you think people's manners on public transportation are getting worse?

(今日では公共の場での人々のマナーについてよく議論がなされます。あなたは公共の交通機関での人々のマナーが悪化していると思いますか?)

合格解答　賛成

> Yes, I think so. High school students' attitude on public transportation is getting worse than before. For example, many students have a chat with their friends in a loud voice without caring about other people.
>
> (はい、そう思います。高校生の公共交通機関での態度がますます悪くなっています。例えば多くの学生は、周りの人を気遣うことなく大きな声で友達と話したりします)

ここを押さえて!

「マナーがもっと悪くなっているか」を問う問題。賛成意見として「高校生のマナーが悪くなっている」ことを述べて平均点。さらに「周りの人への配慮もなく大声で話す」という具体例まで述べて満点解答となります。

合格解答　反対

> No, I don't think so. Nowadays, people are more aware of the importance of good manners in public transportation. Actually, people are more considerate to elderly people than before.
>
> (いいえ、そう思いません。人々は今では公共交通機関での良いマナーの重要性をもっと把握しています。実際、人々は以前よりもっとお年寄りに思いやりがあります)

ここを押さえて!

反対意見として「人々はマナーの大切さをよくわかっている」と述べて平均点。さらに「お年寄りに配慮できている」という具体例を挙げて満点解答です。

Exercise 1

教育関連Q&Aトレーニングに挑戦!

教育に関する3つの質問に、英語で答える訓練をしましょう。

Q1

Recently, many schools in Japan have started having classes on Saturday. Do you think having classes on Saturday is a good idea?
Yes. → Why?   No. → Why not?

最近、日本の多くの学校は土曜日の授業を始めました。あなたは土曜日に授業があることは良いと思いますか?

合格解答 賛成▶ Yes. It will give students more time to study. They can gain more knowledge about various subjects.

はい。生徒はもっと勉強する時間が増えます。彼らは様々な教科に対してより多くの知識を得ることができます。

答え方のポイント 賛成意見として「もっと勉強の時間が増える」こと、さらに「知識がもっと得られる」ことを挙げます。

合格解答 反対▶ No. They should spend more time with their family on weekends to strengthen their family ties. They should also participate in extracurricular activities such as volunteer activities to develop their character.

いいえ。彼らは週末には家族ともっと時間を過ごして絆を深めるべきです。また、彼らは人格を養うためにボランティア活動など課外活動に参加するべきです。

答え方のポイント 反対意見として「家族と時間を過ごすべきである」ことと、「課外活動に参加するべき」ことを述べます。strengthen their family ties (家族の絆を深める)、extracurricular activities (課外活動)、develop their character (人格を養う) は重要表現です。

Q2

Today, many elementary schools in Japan are teaching English. Do you think all elementary schools should teach English?
Yes. → Why?   No. → Why not?

現在、日本の多くの小学校では英語を教えています。あなたは全ての小学校で英語を教えるべきだと思いますか?

合格解答 賛成▶ Yes. English skills are getting more and more important nowadays with increasing globalization. It is not enough to start studying English at junior high school.

はい。近年、グローバル化が加速しており、英語のスキルがますます重要になってきています。中学校で英語の勉強を始めるのは十分とは言えません。

答え方のポイント 賛成意見として「グローバル化の加速により、英語が重要」で、「中学で始めるのは十分ではない」と述べます。別解として、**Early English education can develop children's pronunciation and listening skills more effectively.**(英語の早期教育は子供の発音とリスニング・スキルをより効果的に伸ばす)とも言えます。**effectively and efficiently**(効果的かつ効率的に)は覚えておくと便利な表現です。

合格解答 反対▶ No. It will make it difficult for elementary school students to learn Japanese. I think they should focus on Japanese study until they acquire Japanese.

いいえ。小学校で英語を教えることは、小学生が日本語を学習することを難しくさせます。日本語を習得するまで日本語の勉強に集中するべきだと思います。

答え方のポイント 反対意見としては、「日本語の勉強が難しくなる」ことと、「まずは日本語の勉強に集中するべき」という点を挙げます。**focus on ~**(~に集中する)は重要表現です。

Exercise 1

Q3

Some people say that high school students in Japan should learn a foreign language in addition to English. What do you think about that?

日本の高校生は英語に加えて他の外国語も勉強すべきだという人がいます。あなたはどう思いますか?

合格解答 賛成▶ I agree. Learning different foreign languages helps students learn about different cultures. It will also help make them successful in international friendship and business.

賛成です。異なる外国語を学習することは、生徒が異文化について勉強することに役立ちます。それはまた、国際的な友好関係やビジネスにおいて成功する手助けとなるでしょう。

答え方のポイント 賛成意見として「異なる文化を学べる」ことと「国際的な舞台において役立つ」ことを挙げます。help + O + (to) do ~（O が~する手助けになる）は頻出表現です。

合格解答 反対▶ I disagree. I think that they should focus on studying English, because it takes a lot of time to acquire English. After all, English is the most useful language for international communication.

反対です。彼らは英語学習に集中すべきです。なぜなら英語を身につけるのには長い時間がかかるからです。やはり、英語は国際的なコミュニケーションで一番役に立つ言語なのです。

答え方のポイント 反対意見として「習得に時間がかかるため英語に集中すべき」こと、及び「国際的には英語は一番役に立つ言葉である」ことの2点を挙げます。acquire（資格・スキルなどを身につける）は頻出単語です。

Exercise 2

Lifelong learning

Nowadays, many elderly people like to go back to study after they have retired or their children have grown up. It is because most of them are still healthy, and various kinds of interesting classes are easily available in the community. It is important for people to continue learning something new at any age in life. By doing so, they can stay even healthier and always find something to live for.

お手本音声 ▶ CD 2 09

Questions

No.1 ▶ According to the passage, how can many elderly people stay healthier and find something to live for?

No.2 ▶ Now, please look at the picture and describe the situation. You have 20 seconds to prepare. Your story should begin with the sentence on the card.

(20 seconds) Please begin.

No.3 ▶ Do you think young people today are kind to elderly people?

No.4 ▶ Some people say that specialists who are not teachers should visit schools more often to teach. What do you think about that?

Exercise 2

Your story should begin with this sentence:
One day, a woman was talking to a neighbor about her children.

1

A few months later

2 I feel so lonely at home without my children.

Several months later

3 ABC!

合格解答とポイント

> **No.1** ► According to the passage, how can many elderly people stay healthier and find something to live for?
> (パッセージによると、どのようにしてお年寄りはもっと健康で、そして生きがいを見つけられるのでしょうか?)

合格解答

> By continuing learning something new at any age in life.
> (人生の何齢の時でも新しいことを学び続けることによって)

ここを押さえて！

解答のヒントは、パッセージの **By doing so**（そのようにして）からの文脈で、すなわち一行前のセンテンスの意味になることに注意しましょう。質問は **how** で聞かれているので、**By** で答えます。

他の解答として、It is important for people to continue learning something new at any age in life. とパッセージをそのまま音読してしまうと、質問文に対する正確な形での解答ではないため、得点は下がっていきます。答え方には十分注意が必要です。

パッセージの訳　生涯学習

最近は多くのお年寄りが、退職や子供が成長した後に勉強に戻ることを好みます。なぜなら、彼らのほとんどはまだ健康で、地域のさまざまな楽しいクラスが簡単に利用可能だからです。人にとって、人生で何歳になっても何か新しいことを学び続けることは大切です。このようにしてお年寄りはさらに健康になれるし、いつも生きがいを見つけることができるのです。

語句注
- □ retire　退職する
- □ at any age　何歳の時でも
- □ available　入手可能な
- □ something to live for　生きがい

Exercise 2

No.2 ▶ Now, please look at the picture and describe the situation. You have 20 seconds to prepare. Your story should begin with the sentence on the card.

CD 2　11　*(20 seconds)* Please begin.

（イラストを見て状況描写をしなさい。20秒の準備時間があります。ストーリーはカードに書かれた文を使って始めてください）

📣 モデル・ナレーション

1　One day, a woman was talking to a neighbor about her children. She said she was happy that her children grew up and left home for work or marriage. She was glad to have more free time now.

訳　ある日、女性は近所の人と子供のことを話していました。彼女は、子供たちが成長し仕事や結婚で家を出てくれて幸せだと言いました。彼女はもっと自由な時間ができて嬉しく思いました。

攻略法
ポイントは「子供たちが自立して女性は喜んでいる」ことです。
「成長する」は解答例の **grow up** や **become independent**（自立する）などの表現があります。**leave home** はこの場合は「（子供が）家から巣立つ」です。3番目の文「自由な時間ができてうれしい」は文脈からの想像になりますが、ストーリーの流れから適切な描写だと言えます。このように、イラストでは見えない情報でも、話の展開上適切であればプラスをする「**積極性**」は重要なポイントです。

➡ 次のページへ続く

2

A few months later, she was at home doing nothing. She said to her husband, " I feel so lonely at home without my children."

訳 2～3ヶ月後、彼女は家にいて何もしていませんでした。彼女は夫に「家に子どもがいなくてとてもさみしい」と告げました。

攻略法

ここでは「女性が子供がいなくなって非常に寂しがっている」ことがポイント。解答例以外には、She felt empty without her children around.（彼女は子供が周りにいなくて心が空っぽのように感じた）、She missed her children a lot.（彼女は子供がいなくて非常に寂しかった）とも表現できます。この他の**追加の情報**としては、Her husband was concerned about her.（夫は彼女のことが気がかりだった）のような表情描写もよいでしょう。

3

Several months later, she was learning English from an English teacher. She was very excited to speak English to her. Her husband was happy that she found something to live for again.

訳 数ヶ月後、彼女は英語の先生から英語を習っていました。彼女は先生に英語で話し、ウキウキしていました。夫は彼女が再び生きがいを見つけてよかったと思いました。

攻略法

ここでは「女性が楽しそうに英語を習っている」ことがポイント。
解答例以外に It was really fun for her to learn English.（英語を習うことが彼女にはとても楽しかった）や She was really enjoying her English class.（英語の授業をとても楽しんでいました）とも表現できます。また、この状況でぜひとも表現したい「**生きがい**」ですが、英語では直訳はありません。ここでは something to live for（生きていくための何か）と表現していますが、このようなフレーズがすぐに出てこない場合は、例えば She thought it was very fun.（そのことが非常に楽しいと思った）、She found it very exciting.（そのことを非常にワクワクすると思った）のように、何とか自分の知っている単語で言い換えて表現できないか考えてみることです。すぐに直訳しようとせずに、**一度時間をおいて言い換えてみる練習**を積み重ねましょう。そうすることで、日常的に**英語の瞬発力**を鍛えることができます。

Exercise 2

No.3 ▶ Do you think young people today are kind to elderly people?

（最近の若者はお年寄りに親切だと思いますか？）

合格解答 賛成

Yes, I think so. I often see young people helping elderly people in public places. For example, they give their seats to elderly people on the train or the bus.

（はい、そう思います。私は若者が公共の場所でお年寄りを助けているのをよく見かけます。例えば、電車やバスでお年寄りに座席を譲っています）

ここを押さえて！

「若者がお年寄りに優しいか」を問う問題。賛成意見として、まず「若者が老人を助けているのをよく見かける」ことを述べ平均点。さらに For example, として具体例を挙げれば満点ゲットです。「助ける」は他に give a hand to（〜に手を貸す）も重要です。

合格解答 反対

No, I don't think so. For example, they seldom give up their seats on the train or the bus. They don't seem to care about those people. Young people should be more considerate to them.

（いいえ、そうは思いません。例えば彼らはめったに電車やバスで座席を譲りません。彼らは全くお年寄りを気にしていないように見えます。若者はもっとお年寄りに配慮すべきです）

ここを押さえて！

反対意見として、「若者は電車やバスでめったに席を譲らない」と述べて平均点。さらに「全く気にしていない」ことや「もっと配慮すべきだ」まで述べたら満点解答。considerate（心配りのできる）。他の関連表現として show them a respect（彼らに敬意を払う）なども覚えておきましょう。

No.4 ▶ Some people say that specialists who are not teachers should visit schools more often to teach. What do you think about that?

CD 2 13 (教師ではない専門家がもっと指導のため学校を訪れるべきだと言う人がいますが、あなたはどう思いますか?)

合格解答　賛成

I agree. They can teach students many things that they can't learn from their teachers or school textbooks. It is a great experience for many students to learn many different things from them.

(賛成です。彼らは生徒たちに、教師や学校の教科書からでは学べない多くのことを教えることができます。彼らからさまざまなことを学ぶことは多くの生徒にとってすばらしい経験です)

ここを押さえて!

「教師以外の専門家がもっと学校に来て指導すべきか」を問う問題。賛成意見のポイントである「教師や教科書からでは学べないことを学べる」を述べて平均点。さらに「すばらしい経験となる」まで述べて満点ゲットです。

合格解答　反対

I disagree. Specialists have no teaching skills like teachers do. Besides, unlike teachers, they know nothing about students.

(反対です。専門家たちには教師のように指導する技術がありません。その上、教師と違って彼らは生徒たちについて何も知りません)

ここを押さえて!

反対の意見としては、まず「専門家たちは指導技術がない」ことを述べて平均点。**teaching skills**（指導をする技術）。さらに「生徒のことを知らない」まで付け加えたら満点解答です。**unlike** は「〜とは違って」です。

Exercise 2

教育関連Q&Aトレーニングに挑戦!

教育に関する3つの質問に、英語で答える訓練をしましょう。

Q1

Some people say that children today don't spend enough time playing with other children. What do you think about that?

最近の子供たちは他の子供と十分に遊んでいないと言う人がいます。あなたはどう思いますか?

合格解答 賛成▶ It's a shame that many children spend a lot of time playing computer games alone. They should spend more time playing with other people to develop their social skills.

多くの子供たちが一人でコンピューターゲームをするというのは残念なことです。彼らは社会性を発達させるために他の人と遊ぶことに時間を費やすべきです。

答え方のポイント 賛成意見として、「一人でゲームをする」という例を挙げ、そして「他の人と遊ぶことに時間を割くべき」という意見を述べます。It's a shame that ~ (~は残念だ)、develop one's social skills (社会性を発達させる) は頻出表現なので覚えておきましょう。反対意見は弱いので、賛成で答えるようにしましょう。

Q2

Schools in Japan often have uniforms for students. Do you think it is better to have a school uniform?
Yes. → Why?   No. → Why not?

日本の学校ではよく生徒に制服があります。あなたは制服があった方が良いと思いますか?

合格解答 賛成 ▶ Yes. I think that school uniforms are convenient for students. They don't have to worry about what to wear to school every morning.

はい。学校の制服は生徒にとって便利だと思います。毎朝生徒は何を着ていくか悩まなくて済みます。

答え方のポイント 賛成意見として、「毎朝着る物に悩まなくてよく便利である」というメリットを挙げます。convenient（便利な）、worry about（〜について心配する）は重要単語です。

合格解答 反対 ▶ No. School uniforms make everyone look the same and undermine individuality.
They will also make students feel uncomfortable especially during hot summer.

いいえ。制服は皆を同じに見せ、個性を阻害します。また制服は、特に暑い夏に生徒に不快感を与えます。

答え方のポイント 反対意見として、まず「個性をなくさせる」こと、そして「制服が生徒に不快感を与える」などの制服の問題点を2つ挙げます。undermine（弱くする・衰えさせる）、individuality（個性）は覚えておくと便利な単語です。

Exercise 2

Q3

These days, club activities at some schools have become less popular. Do you think club activities are necessary for school education?
Yes. → Why?   No. → Why not?

最近は、ある学校ではクラブ活動の人気が少なくなっているようです。あなたは学校教育にクラブ活動が必要だと思いますか?

合格解答 賛成▶ Yes. Students can make more friends through club activities. They can also develop various kinds of skills including athletic, artistic, and social skills.

はい。生徒はクラブ活動を通じてもっと友達を作ることができます。また、彼らは運動、芸術、社会的なスキルを含む様々なスキルを発達させることができます。

答え方のポイント 賛成意見として「友達をより多く作ることができる」こと、そして「色々なスキルが身に付く」ことの2点を挙げます。**develop（～を発達させる）**、**social skill（社会性）**は頻出単語なので覚えておきましょう。

合格解答 反対▶ No. I think that students have to spend more time studying for difficult entrance examinations in Japan. Club activities take a valuable time to study away from them.

いいえ。生徒は日本の難しい入試に備えるため、学業にもっと時間を費やさなければならないと思います。クラブ活動は生徒の勉強する貴重な時間を奪ってしまいます。

答え方のポイント 反対意見として「入試の勉強に集中すべき」こと、及び「クラブは勉強時間を奪う」ことの2点を挙げます。**take ～ away from ～**は「～を～から奪う」です。

Exercise 3

Internet shopping

Nowadays, Internet shopping is getting more and more popular in the world. Thanks to E-commerce, people can easily find their favorite products and save a lot of time for shopping. But some people do not like online shopping because they often get low-quality products at unusually high prices in online shopping, and may even end up in personal bankruptcy through excessive buying.

お手本音声 ▶ CD 2 17

Questions

No.1 ▶ According to the passage, why don't some people like Internet shopping?

No.2 ▶ Now, please look at the picture and describe the situation. You have 20 seconds to prepare. Your story should begin with the sentence on the card.

(20 seconds) Please begin.

No.3 ▶ Today, many people use electronic dictionaries. Do you think people will stop buying paper dictionaries in the future?

Yes. → Why?   No. → Why not?

No.4 ▶ Some people say that children today spend too much time using the Internet. What do you think about that?

Exercise 3

Your story should begin with this sentence:
One day, Aki and her sister were talking about how to lose weight quickly.

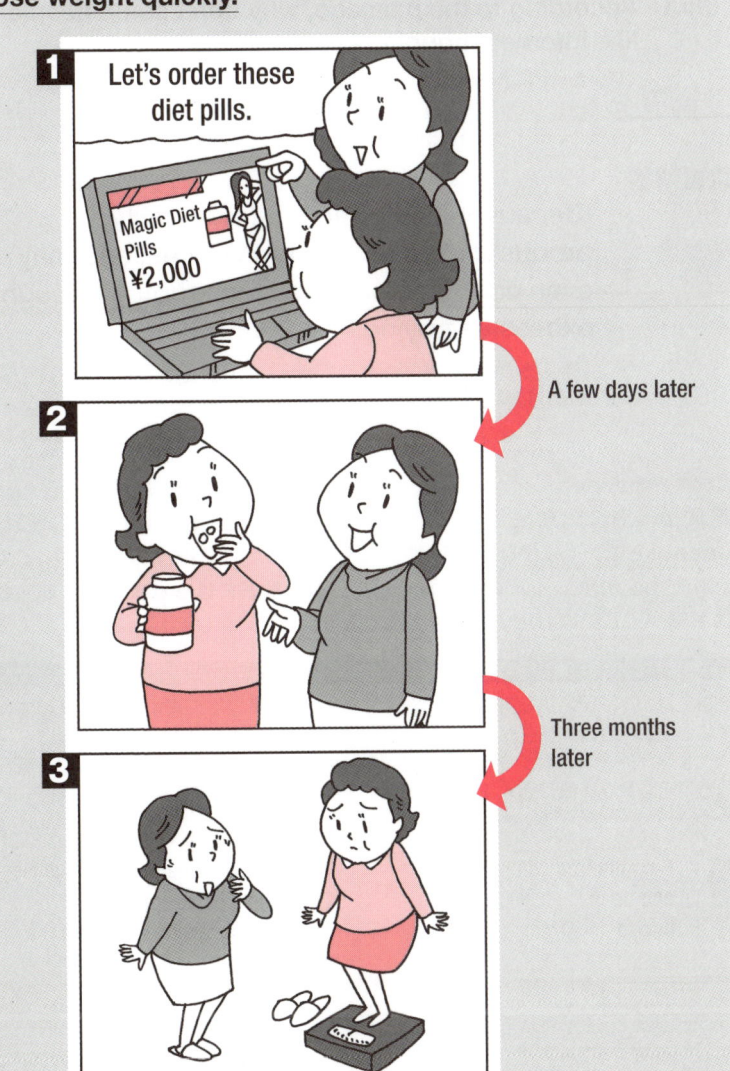

1
Let's order these diet pills.

Magic Diet Pills
¥2,000

A few days later

2

Three months later

3

合格解答とポイント

No.1 According to the passage, why don't some people like Internet shopping?

（パッセージによると、ネット・ショッピングを好まない人がいるのはなぜでしょうか？）

合格解答

(Because) they often get low-quality products at unusually high prices, and may even end up in personal bankruptcy through excessive buying.

（低品質のものを異常な高値で購入したり、過剰な買い物をして個人破産に終わることさえあるかもしれないから）

ここを押さえて！

質問がwhy（方法）で聞かれているので、Because ... や It is because ...（なぜならば）で答えます。また、**質問文の主語**（ここではsome people）**をそのまま繰り返すと満点解答にはなりませんので、必ず代名詞**（ここではthey）**に置き換える**習慣をつけましょう。

パッセージの訳　ネットショッピング

今日では、ネットショッピングが世界でますます人気になっています。ネット通販で、簡単にお気に入りの商品を見つけたり、買い物の時間を大幅に節約できたりします。しかし、オンラインショッピングを好まない人もいます。というのも、ネット通販で、低品質のものを異常な高値で購入することがしばしばあり、買い物をしすぎて個人破産に終わることすらあるからです。

語句注

- □ E-commerce　電子通販
- □ end up in　～に終わる
- □ due to　～のため
- □ low-quality products　低品質の商品
- □ personal bankruptcy　破産
- □ excessive buying　過剰な買い物

Exercise 3

No.2 ▶ Now, please look at the picture and describe the situation. You have 20 seconds to prepare. Your story should begin with the sentence on the card.

CD 2 19 *(20 seconds)* Please begin.

（イラストを見て状況描写をしなさい。20秒の準備時間があります。ストーリーはカードに書かれた文を使って始めてください）

📢 モデル・ナレーション

1 One day, Aki and her sister were talking about how to lose weight quickly. They found special diet pills on the Internet and decided to order them.

訳 ある日、アキと彼女の妹がすばやく体重を減らす方法について話していました。二人はネットで特別なダイエットピルを見つけ、注文することにしました。

攻略法

1コマ目の描写では、まず、【カードに指定されている第一文】で必ず始めてください。そして、描写の重要ポイントは「二人がネットでダイエットピルを見つけ、注文を決意した」点ですが、別解として、**X said (to Y), "...≪吹き出しのセリフの引用≫..."** 型のシンプルな解答 They said, "Let's order these diet pills." でももちろん OK です。その場合は、**発言者**が誰であるのかを明確に述べましょう。「ネット上で」は on the Internet と定冠詞の the 付で覚えておきましょう。decide to do（〜することを決める）は基本中の基本です。即座に口に出てくるようにしましょう。また、次のコマへ移り変わる際、漫画に記入されている**つなぎ言葉**（ここでは A few days later）ではじめるのを忘れないようにしましょう。

➡ 次のページへ続く

2

A few days later, the diet pills were delivered to their home. They were very excited about the pills. Aki tried first and her sister was eager to take them.

訳 数日後、ダイエットピルが家に届き、姉妹は胸を躍らせました。アキが最初にトライし、妹もダイエットピルを飲みたがりました。

攻略法
「数日後ダイエットピルが届き」、「一人がそれにトライし、もう一人も飲みたい様子」の2点のポイントを入れます。
be delivered to one's home（宅配される）、be eager to do（しきりに〜したがる）などを覚えておきましょう。

3

Three months later, Aki's sister checked her weight. But she was very disappointed to find her weight didn't change at all after taking the pills. Aki regretted buying the pills on the net.

訳 3か月後、アキの妹は体重をチェックしました。しかし、ピルを飲んでも体重が全く変化していないことがわかり、大変がっかりしました。アキはネットでダイエットピルを購入したことを後悔しました。

攻略法
「一人が体重を測るが減っていなくてがっかり」「もう一人はネット通販に対する懸念を募らせる」という2点のポイントを描写しましょう。
check one's weight（体重を測る）、be disappointed to find（〜がわかってがっかりした）、take the pills（薬を飲む）、regret doing（〜したことを後悔する）などの表現を使えるようになっておきましょう。

Exercise 3

No.3 ▶ Today, many people use electronic dictionaries. Do you think people will stop buying paper dictionaries in the future? Yes → why? No → why not?

(今日、多くの人が電子辞書を使用しています。紙の辞書の購入を将来人々はやめてしまうと思いますか?)

合格解答 賛成

Yes. You can look up words more quickly in electronic dictionaries. Besides, they are very small and easy to carry.

(はい。電子辞書ではもっとすばやく単語を引くことができます。さらに、とても小さく持ち運びやすいです)

ここを押さえて!

「電子辞書の普及により、将来、紙の辞書購入を人はやめてしまうか」を予測するメディア関連頻出トピック。「すばやい検索」と「小型で携帯に便利」の2点を述べて満点解答です。**look up words in dictionaries**(辞書で単語を調べる)、**convenient to carry**(携帯に便利な)は必須表現。

合格解答 反対

No. Electronic dictionaries are usually quite expensive, but paper dictionaries are cheap. Besides, you can read through words and their meanings more easily with a paper dictionary than with E-dictionaries.

(いいえ。電子辞書は普通かなり高価ですが、紙の辞書は安価です。さらに紙版の辞書は電子辞書より単語と意味を簡単に読めます)

ここを押さえて!

電子辞書と比べた「紙の辞書の安価さ」と「紙の辞書の読みやすさ」の2点のポイントを述べて合格解答です。別解の You can underline some words and phrases on the paper dictionaries. So you can memorize those words and phrases more easily.(紙の辞書では語句に下線を引けるため、もっと簡単に語句を覚えられる)なども強い理由です。

No.4 ▶ Some people say that children today spend too much time using the Internet. What do you think about that?

(今日の子供はインターネットを使用する時間が多すぎるという人がいます。これについてどう思いますか?)

合格解答 　賛成

I think it's a bad habit. They should spend more time studying and playing with their friends outdoors.

(悪習慣だと思います。勉強したり戸外でもっと友人と遊んだりするべきだと思います)

ここを押さえて!

「今日の子供のネットの使用時間」について意見を求める問題。オンラインゲームを理由にあげると強いアーギュメントになります。ただし、I agree の後の解答文が1文では満点解答にはなりませんので、それを発展させて締めくくる文を追加するなど、**必ず2文で解答をまとめる練習をしてください。**

合格解答　反対

I disagree. Nowadays most children enjoy doing many different things besides using the Internet. Also, most parents don't allow their children to use the Internet all the time.

(反対です。今日ではたいていの子供はインターネット以外にもいろいろなことを多く楽しみます。さらに、たいていの親たちは子供がインターネットを四六時中使うことに賛成しません)

ここを押さえて!

別解として、「リサーチや宿題をするために正しく使っている (Most children use the Internet properly to do their research or schoolwork.)」のであり、「過剰に (too much) 使っているわけではない」も考えられます。**do too much（〜しすぎ）型の質問は、「適度にしている場合」は disagree** となりますので要注意。

Exercise 3

テクノロジー Q&Aトレーニングに挑戦!

テクノロジーに関する3つの質問に、英語で答える訓練をしましょう。

CD 2 22

Q1

| Some people say that the Internet is a good way to make new friends. What do you think about that? | インターネットは新しい友人を作る良い方法だという人がいますが、どう思いますか? |

合格解答　賛成▶ I agree. You can easily make new friends through SNS like Facebook. You can share ideas and pictures with other people. That will build friendship among users.

賛成です。Facebookのようなソーシャルネットワーキングを通じて、新しい友人を簡単に作ることができます。他の人と考えや写真を共有し、ユーザー間で友情を築きます。

答え方のポイント　【インターネットの是非】を問うトピックは頻出ですが、ここでは「ネットで友人を作ることの是非」が問われています。「SNSによるコミュニケーションで容易に友人ができる」そして、「アイディアや写真の共有で友情を築く」の2点で合格解答です。この質問では、Yesの方が強い答えを作ることができます。このように、YesかNoか、どちらが強い答え(アーギュメント)になるか、普段から考える癖をつけましょう。

Q2

These days, most people use cellphones in their everyday lives. Do you think it is a good idea for elementary school children to have cellphones?

Yes. → Why?   No. → Why not?

今日、日常生活で携帯電話を使用する人が大半ですが、小学生の子供が携帯電話を持つことは良い考えだと思いますか?

合格解答 賛成▶ Yes. Parents can use cellphones to contact their children anytime they want. So cellphones are very useful for protecting their safety.

はい。親は携帯電話を使って子どもに望む時はいつでも連絡を取ることができます。ですから、携帯電話は子どもの安全を守るために非常に有益です。

答え方のポイント 携帯電話関連のトピックも頻出ですが、ここでは「小学生の携帯使用の是非」が問われています。賛成意見として「親が子どもにいつでも連絡が取れる」こと、そして「子供の安全のために役立つ」ことを述べます。**「子どもと連絡を取る（contact their children）」**も頻出です。ちなみに、contact は他動詞ですので、with をつけると減点です。気をつけましょう。

合格解答 反対▶ No, I don't think so. Many children often spend too much time playing games or exchanging messages with their friends on their cellphones. That will greatly decrease their time for study.

いいえ、そうは思いません。多くの子どもはしばしば、携帯でゲームをしたり、友人とメッセージの交換をしたりし、あまりにも多くの時間を費やします。それにより、大幅に勉強時間が減るでしょう。

答え方のポイント 反対意見としては、「携帯で遊んでしまい勉強時間が減っている」ことを述べましょう。

Exercise 3

Q3

Today, many people send and receive e-mails every day. Do you think people use e-mail too often?

Yes. → Please explain.
No. → Please explain.

今日、Eメールの送受信をする人が多いです。人々はEメールを頻繁に使いすぎだと思いますか?

合格解答 賛成▶ Yes. Most people today read and write e-mails almost everywhere. They also depend too much on e-mail communication instead of face-to-face communication.

はい。今日たいていの人はほとんどどこででもメールを読んだり書いたりしています。また人々は対面のコミュニケーションの代わりにEメールによるコミュニケーションに頼りすぎです。

答え方のポイント 「Eメールを使いすぎ」を問う問題。**too often**（あまりにも頻繁に）と聞かれているので、**適度に使っている場合は、No** になります。YesとNoを間違わないようにしましょう。賛成意見として「車内でのメール人口の多さ」を述べ、「対面ではなくメールによるコミュニケーションに頼りすぎの状況」を述べます。別解として、「同じ部屋にいる友人にメッセージを送りさえする人も多い（Many people even send messages to friends in the same room.）」などと加えたり、「人々はEメールなしの生活は送れないと思います（I don't think people today can live without e-mail.）」などと締めくくることもできます。この質問にはNoは弱いので賛成で答えましょう。

Exercise 4

Eco-friendly cars

Nowadays, an increasing number of people drive eco-friendly cars. It is mainly because more and more people are concerned about environmental protection as well as an increasing price of gasoline. Some people also think it is important to protect the environment from the threat of global warming. Under these circumstances, eco-friendly cars such as hybrid or electric cars are expected to become more popular in the future.

お手本音声 ▶ CD 2 25

Questions

No.1▶ According to the passage, why do many people drive eco-friendly cars?

No.2▶ Now, please look at the picture and describe the situation. You have 20 seconds to prepare. Your story should begin with the sentence on the card.

(20 seconds) Please begin.

No.3▶ Some people say that a lot of food is wasted in Japan. What do you think about that?

No.4▶ Some people say that we should buy environmentally friendly products. Do you think this is necessary even when they are more expensive?

Yes. → Why?　　No. → Why not?

Exercise 4

Your story should begin with this sentence:
One day, a man was at home watching TV in the living room.

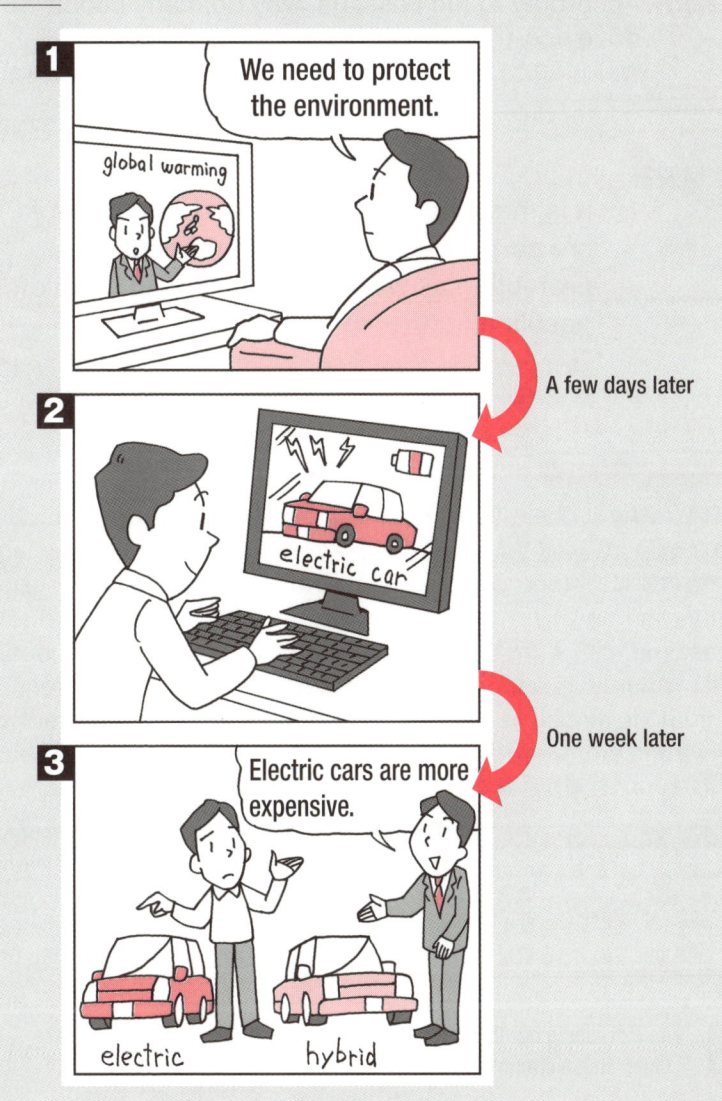

1. We need to protect the environment.
global warming

A few days later

2. electric car

One week later

3. Electric cars are more expensive.
electric   hybrid

合格解答とポイント

No.1 ► According to the passage, why do many people drive eco-friendly cars?
（パッセージによると、どうして多くの人々は環境に優しい自動車に乗るのですか?）

CD2 26

合格解答

It is mainly because more and more people are concerned about environmental protection as well as an increasing price of gasoline.

（なぜならば、主にはますます多くの人が、増加する石油の値段と同様に環境保護に関心があるからです）

ここを押さえて！

質問が why（理由）で聞かれているので、必ず It is because ...（なぜならば）で答えます。他の解答例として、例えば It is mainly because で始めずに、More and more people are concerned about environmental protection as well as an increasing price of gasoline. と答えると得点は下がってしまいます。また、Some people also think it is important to protect the environment from the threat of global warming.（または It is important to protect the environment from the threat of global warming.）の方を答えてしまわないよう注意が必要です。（主な理由の方を答えましょう）。

パッセージの訳　環境にやさしい自動車

今日では、ますます多くの人が環境に優しい自動車に乗っています。主なその理由は、もっと多くの人が値上がり続けるガソリン価格と同様、環境保護についても関心があるからです。ある人たちはまた、地球温暖化の脅威から環境を守ることが大切だとも思っています。このような事情で、ハイブリッドや電気自動車が将来もっと人気が出ると期待されています。

語句注

- an increasing number of　ますます多くの〜
- under these circumstances　このような事情で
- threat　脅威

Exercise 4

No.2 ▶ Now, please look at the picture and describe the situation. You have 20 seconds to prepare. Your story should begin with the sentence on the card.

(20 seconds) Please begin.

（イラストを見て状況描写をしなさい。20秒の準備時間があります。ストーリーはカードに書かれた文を使って始めてください）

モデル・ナレーション

1

<u>One day, a man was at home watching TV in the living room.</u> He saw one TV program about global warming. He thought, " We need to protect the environment."

訳 ある日、男性は家のリビングでテレビを観ていました。彼は地球温暖化の番組を見て、「我々は環境を守る必要がある」と思いました。

攻略法
ここでのポイント 「男性がテレビを見ていて、環境保護に役立ちたいと思ったこと」を必ず述べましょう。

他に preserve nature（自然を守る）、conserve electricity（電気を節約する）、natural resources（天然資源）などの表現も覚えておきましょう。

➡ 次のページへ続く

2

A few days later, when he was surfing the Internet, he read an article about electric cars. He thought they were very eco-friendly and wanted to buy one of them.

訳 数日後、彼はネットサーフィンをしている時に、電気自動車に関する記事を読みました。彼は電気自動車が非常に環境に優しいと思い、一台購入したいと思いました。

攻略法

ポイントは「電気自動車のことを知り購入したいと思ったこと」です。surf the Internet は「ネットサーフィンをする」です。「ネットをしている時」は他に when he was online や when he was using the Internet とも表現可能です。「電気自動車に興味を示した」は Electric cares were so appealing to him. のようにも表現できます。appealing(魅了的な；注意を引く)は重要単語です。

3

One week later, he went to a car showroom to check out electric cars. A sales representative showed him both electric and hybrid cars, and said to him, "Electric cars are more expensive." The man wanted to buy an electric car, but he couldn't make up his mind because of the high price.

訳 一週間後、彼は電気自動車を見にショールームへ行きました。営業マンが電気自動車とハイブリッドの両方を見せて、彼に「電気自動車の方が、ハイブリッドよりも値段が高い」と告げました。男性は電気自動車を買いたかったが、値段が高いため購入する決断ができませんでした。

攻略法

ポイントは「電気自動車の値段が高く、男性が買う決心ができないこと」です。「販売員」は解答例にあるように sales representative や salesperson と表現します。「高過ぎて買えない」と言うなら、He couldn't afford an electric car.(電気自動車を買う余裕がなかった)のように afford(金銭的な余裕がある)を使った表現も良いでしょう。due to は「~のせいで」。また、最後の描写は He couldn't decide which car to buy.(どちらの車を買うか決心できなかった)、He was shocked to hear [learn] the price.(車の値段を知ってショックを受けた)のようにも表現可能です。

Exercise 4

No.3 ▶ Some people say that a lot of food is wasted in Japan. What do you think about that?

(日本ではたくさんの食品が無駄にされていると言う人がいます。あなたはこのことについてどう思いますか?)

合格解答 賛成

It's a shame that many people leave food on their plates and many stores throw away leftover food.

(多くの人が食べ残しをしたり、多くの店が売れ残りの食品を捨てていることは残念なことです)

ここを押さえて!

「日本では食べ物が無駄にされているか」を問う問題。It's a shame that は「〜は残念なことだ」という意味の重要表現。解答例のように「食べ残しが多く、売れ残りが捨てられている」といった具体例を挙げましょう。leave food on one's plate（食べ残しをする）や leftovers（食べ残し）も覚えておきましょう。

合格解答 反対

I think that many restaurants are trying hard not to waste food. Also, many people are aware of the importance of reducing the waste of food.

(多くのレストランは食物を無駄にしないように努力していると思います。また、多くの人も食品の無駄を少なくする重要性に気付いています)

ここを押さえて!

反対意見として「レストランなども無駄を出さないようにしている」と述べて平均点。try hard（一生懸命努力する）。さらに「多くの人も無駄をなくすことが重要だと思っている」と2つ目の理由を述べて満点解答。be aware of（〜に気づいている）は重要表現。

No.4 ► Some people say that we should buy environmentally friendly products. Do you think this is necessary even when they are more expensive? Yes → why? No → why not?

(我々は環境に優しい商品を買うべきだと言う人がいますが、値段が高い時でもそうする必要があると思いますか?)

合格解答 賛成

Yes. The global environment is getting worse and worse. I think that we should make a contribution to environmental protection by buying eco-friendly products.

(はい。地球の環境はますます悪化しています。私たちはエコな製品を買うことによって環境保全に貢献しなくてはなりません)

ここを押さえて!

「値段が高くなってもエコな商品を買うべきか」を問う問題。賛成意見として「環境はますます悪化している」ことを述べて平均点。さらに「環境を守ることに貢献すべきである」まで答えて満点解答です。make a contribution to (~に貢献する) は重要表現で、他に make a contribution to the society (社会に貢献する) のように使います。この質問は賛成側で答えましょう。

Exercise 4

環境関連Q&Aトレーニングに挑戦!

環境に関する1つの質問に、英語で答える訓練をしましょう。

Q1

These days, some people are using electric cars. Do you think the number of these people will increase in the future?
Yes. → Why?   No. → Why not?

最近は、電気自動車を使っている人がいます。あなたは将来、このような人が増加すると思いますか?

合格解答 賛成▶ Yes, I think so. In the future, technological development will bring down the prices of electric cars. Also, there will be more filling stations for electric cars.

はい、そう思います。将来的に、科学技術の発達によって電気自動車の値段が下がるでしょう。また、電気自動車の給電所の数が増えていくでしょう。

答え方のポイント 賛成意見として、「科学技術の発達によって電気自動車の値段が下がる」こと、そして「電気自動車の給電所の数が増える」ことの2点を挙げます。filling station(給電所)は重要単語です。

Exercise 5

Saving Innocent Animals

Today, millions of animals are harmed or killed in cruel experiments conducted by companies that test their new products. Those animals suffer from severe pain in animal experiments to develop new cosmetics and medicines. Under the circumstances, anti-animal testing groups insist that other means such as computer simulations should be used to reduce the suffering of those innocent animals.

Questions

No.1 ▶ According to the passage, how do anti-animal testing groups believe they can reduce the suffering of those innocent animals?

No.2 ▶ Now, please look at the picture and describe the situation. You have 20 seconds to prepare. Your story should begin with the sentence on the card.

(20 seconds) Please begin.

No.3 ▶ Some people say that it is difficult to reduce the amount of garbage we produce. What do you think about it?

No.4 ▶ Some people say that more families will use solar panels to produce electricity in the future. What do you think about it?

Exercise 5

Your story should begin with this sentence:
One day, Aki was watching TV news about the forest.

1. We need to do something to protect the forest.

Later that day at a bookstore

2. ✗

On the train

3.

合格解答とポイント

No.1 ► According to the passage, how do anti-animal testing groups believe they can reduce the suffering of those innocent animals?

CD 2 - 32

（パッセージによると、動物実験反対派はどのようにして罪なき動物の苦しみを減らすことができると信じていますか？）

合格解答

By using other means such as computer simulations instead of animal testing.

（動物実験ではなくコンピュータ・シミュレーションなど他の方法を導入することによって）

ここを押さえて！

How（どのように）の質問には、by ～ing の形で答えるのが最も間違いが少なく満点解答への近道です。Answer part が書かれている英文（本問なら Anti-animal testing groups insist that ... innocent animals）を、パッセージからそのまま抜き出し音読した解答は、満点解答になりませんので要注意です。

パッセージの訳　罪なき動物の救済

今日、何百万もの動物たちが、新製品をテストする企業が行う残酷な実験で、傷つけられたり、命を奪われたりしています。動物たちは、新しい化粧品や薬の開発のための動物実験で酷い痛みに苦しんでいるのです。そういった状況で、動物実験反対派は、罪なき動物の苦しみを減らすために、コンピュータによるシミュレーションなど他の方法を用いるべきだと主張しています。

語句注

- anti-animal testing groups　動物実験反対派
- computer simulation　コンピュータ・シミュレーション
- suffering　苦しみ

Exercise 5

No.2 ▶ Now, please look at the picture and describe the situation. You have 20 seconds to prepare. Your story should begin with the sentence on the card.

CD 2 33 *(20 seconds)* Please begin.

（イラストを見て状況描写をしなさい。20秒の準備時間があります。ストーリーはカードに書かれた文を使って始めてください）

📣 モデル・ナレーション

1

One day, Aki was watching TV news about the forest. The reporter said, "We need to do something to protect the forest."

訳 ある日、アキはテレビで、森に関するニュースを見ていました。レポーターは「森林保護のために我々は何かしなければなりません」と述べました。

攻略法
描写のポイントは「リポーターが『森林を保護するために何かをする必要があります』と述べた」点です。これは、**The reporter said** につづけて、漫画の吹き出しに描かれている文字情報を**そのまま引用すれば満点解答**になります。誰の発言かを明確に述べて下さい。

➡ 次のページへ続く

2

Later that day at a bookstore, when Aki was paying for a book at a cashier, the clerk tried to cover it with a book jacket, but she said, "I don't need a book jacket."

訳 同日後ほど、本屋のレジで，アキは本の支払いをしていた時、店員はブックカバーをつけようとしましたが、彼女は「ブックカバーは結構です」と言いました。

攻略法

ポイントは「アキがレジで本を買おうとしていた」と「店員がブックカバーをかけようとしたが、アキはそれを断った」という2点。
at a cashier（レジで）が言えると満点解答になりますが、思い浮かばない場合は、~ was buying a book at a bookstore と逃げてもよいでしょう。「ブックカバー」は book cover（「本の表紙」の意）と言ってしまいがちですが、正しくは **book jacket** です。

3

On the train, she found several passengers reading a book with a paper wrapper. But she felt a little proud of having done something to save the forest.

訳 電車で、アキは数人の乗客が、ブックカバーをかけた本を読んでいるのを見つけましたが、自分は森林救済のために行動したと、少し誇りに感じました。

攻略法

ポイントは「車内でブックカバー付の本を読む乗客」と「森を救うために行動し満足げなアキ」この2点の描写です。
「ブックカバー」は **paper wrapper** ともいいます。「~したことを自慢に思う」は **feel proud of having done** と、having＋**過去分詞**の形を使えるようにしておきましょう。「満足げな表情だった」は **looked satisfied [happy]** とも表現できます。

Exercise 5

No.3 ▶ Some people say that it is difficult to reduce the amount of garbage we produce. What do you think about it?

(排出するゴミの量を減らすのは困難だという人もいます。それについてあなたはどう思いますか?)

合格解答　賛成

I agree. Many people tend to buy too many unnecessary products. This bad habit will keep increasing the amount of garbage.

(賛成です。不要な新製品を買いすぎる傾向の人が多いです。この悪習慣により、ゴミの量は増え続けるでしょう)

ここを押さえて!

「ゴミ削減」を問う問題。「不必要な物を買いすぎ」と述べて平均点。さらに「この悪習慣でゴミは増え続ける」とサポート文を続けると満点です。サポート文の主語は、**this buying habit**（この購入癖）、**excessive consumption**（過剰消費）、**excessive buying**（過剰購入）などと置き換えてもいいでしょう。

合格解答　反対

I disagree. Nowadays more and more people are becoming aware of the importance of environmental protection. Many people are making efforts in the 3Rs: reduce, reuse, and recycle.

(反対です。今日、環境保護の重要性を意識する人がますます増えています。多くの人々は、3R（ゴミの削減、再利用、リサイクル）の努力をしています)

ここを押さえて!

「環境保護の重要性に気づく人が増えたから」と述べて平均点。さらに「3Rの努力をしている」などとサポートして満点解答です。

No.4 ▶ Some people say that more families will use solar panels to produce electricity in the future. What do you think about it?

CD 2 35 (将来発電のためにソーラーパネルを使用する家庭が増えるという人がいます。それに関してどう思いますか?)

合格解答 賛成

I agree. More and more people think that solar energy is kind to the environment. It's because it doesn't use fossil fuels, and therefore doesn't produce CO_2.

(賛成です。太陽エネルギーは、環境にやさしいと考える人はますます増えています。なぜなら、太陽エネルギーは、化石燃料を使用せず、二酸化炭素を排出しないためです)

ここを押さえて!

ソーラーパネルの将来を問う問題。「太陽エネルギーは環境にやさしいと考える人が増えている」と述べて平均点。さらに「化石燃料を使わず、CO_2 を出さないから」と続けて満点解答です。

合格解答 反対

I disagree. Most people cannot afford to buy expensive solar panels. Besides, most Japanese houses do not have enough space for solar panels.

(反対です。たいていの人は高額なソーラーパネルを買うことができません。さらに、日本の大部分の住居はソーラーパネルを設置するスペースが十分にありません)

ここを押さえて!

理由①「ソーラーパネルの高額さ」を述べて平均点。さらに理由②「設置スペース確保の難しさ」と続けて満点解答です。別解は、solar panels cannot produce enough energy on cloudy days（ソーラーパネルは曇りの日には十分なエネルギーを産出できない）など。**cannot afford to buy**（買う余裕がない）はぜひ使えるようになっておきましょう。

Exercise 5

環境関連Q&Aトレーニングに挑戦!

環境に関する3つの質問に、英語で答える訓練をしましょう。

CD 2 36

Q1

Some people say that trains and buses in Japan use too much air conditioning in summer. What do you think about that?

日本の電車やバスは夏にエアコンを使い過ぎだという人がいます。あなたはどう思いますか?

合格解答 賛成▶ I agree. Many passengers, especially women feel very cold in the train in summer due to excessive air conditioning. I think it's a great waste of energy.

賛成です。多くの乗客、特に女性は夏に電車で過度のエアコンのためにとても寒い思いをしています。エネルギーを無駄に使っていると思います。

答え方のポイント 賛成意見として、まず「特に女性が夏に電車のエアコンで寒い」こと、そして「使い過ぎはエネルギーがもったいない」ことの2点を述べます。passenger（乗客）、excessive（過剰な）は頻出単語です。

合格解答 反対▶ I disagree. It's very hot and humid in summer in Japan. I think that current air conditioning is appropriate for passengers to travel comfortably in crowded trains and buses in Japan.

反対です。日本では夏は大変蒸し暑いです。現在のエアコンは、乗客たちが日本の混雑した電車やバスで快適に移動するためには適切だと思います。

答え方のポイント 反対意見として、まず「日本の夏が大変蒸し暑い」ことを述べ、さらに「乗客が快適に交通を利用するためには必要」と続けます。humid（湿気が多い）は重要です。ぜひ使えるようになりましょう。

Q2

Some people say that it is difficult to reduce the amount of fuel and energy we use. What do you think about that?

我々が使う燃料やエネルギーの量を減らすのは難しいという人がいます。あなたはどう思いますか?

合格解答 賛成 ▶ I agree. It is because economic development and industrial growth require a huge amount of fuel and energy. We also need a lot of fuel and energy to live a comfortable life.

賛成です。経済の発展や産業の成長のためには膨大な量のエネルギーが必要だからです。私たちはまた、快適な生活を送るために多くの燃料やエネルギーを必要とします。

答え方のポイント 賛成意見として、「経済産業の発展のため」および「快適な日常生活を送るため」に膨大なエネルギーが必要であることを述べます。

合格解答 反対 ▶ I disagree. Many people can easily save energy which is wasted on electric appliances, including air-conditioners. They can also save energy by using public transportation.

反対です。多くの人々はエアコンを含む電化製品で無駄遣いされるエネルギーを簡単に節約することができます。彼らはまた、公共交通機関を利用することによってエネルギーを節約することができます。

答え方のポイント 反対意見として、まず「電化製品で無駄遣いされるエネルギーを節約できる」こと、さらに「公共交通機関を利用することによってエネルギーを節約できる」ことを挙げてまとめましょう。save (〜を節約する) は環境の話題でよく出てきます。

Exercise 5

Q3

Some people say that stores in Japan use too much paper for wrapping things. What do you think about that?

日本のお店は包装に紙を使い過ぎているという人がいます。あなたはどう思いますか？

合格解答 賛成▶ I agree. Most department stores and bookstores use too much paper for wrapping. I think it's a waste of paper for bookstores to offer paper book covers to customers.

賛成です。大半の百貨店や本屋は包装にあまりにもたくさんの紙を使っています。本屋が客に紙製のブックカバーを提供するのは紙の無駄だと思います。

答え方のポイント 賛成意見として、「百貨店や本屋などで包装に多くの紙を使っている」という事実を述べる。wrapping（包装）、waste of ～（～の無駄）は頻出表現です。

合格解答 反対▶ I disagree. Many stores are now trying to avoid excessive wrapping. For example, they ask their customers whether or not they need wrapping.

反対です。店の多くは過剰な包装を避けようとしています。例えば、彼らはお客に包装が必要かどうかを尋ねます。

答え方のポイント 反対意見として、まずは「多くの店は過剰包装をなくそうとしている」事実を述べ、次に「客に包装するかどうか尋ねる」という具体例を挙げます。excessive（多過ぎる）は必ず覚えておきましょう。

Exercise 6

A Great Technology

Nowadays, the Internet is one of the greatest communication technologies in society. People often exchange ideas and information on websites, by e-mail, or SNS such as Facebook. The Internet is very useful, but you need to be aware of risks involved in the use of the Internet. In order to avoid risks, users need to take special care not to give out their personal information to strangers.

Questions

No.1 ▶ According to the passage, how can you avoid risks involved in the use of the Internet?

No.2 ▶ Now, please look at the picture and describe the situation. You have 20 seconds to prepare. Your story should begin with the sentence on the card.

(20 seconds) Please begin.

No.3 ▶ These days, many people read news on the Internet instead of reading newspapers. Do you think people will stop buying newspapers in the future?

Yes. → Why?　　No. → Why not?

No.4 ▶ Some people say that children are easily influenced by violent movies. What do you think about it?

Exercise 6

Your story should begin with the following sentence:
One night, Ken was thinking of showing his relationship with his beautiful girlfriend on the Internet.

1. I will post this nice picture of us.

The next morning at school

2.

The next day

3.

合格解答とポイント

No.1 ▶ According to the passage, how can you avoid risks involved in the use of the Internet?

（パッセージによると、ユーザーはどのようにしてネット使用に関わる危険性を回避できるでしょうか?）

合格解答

By taking special care not to give out your personal information to strangers.

（個人情報を見知らぬ人に公開しないように特別の注意を払うことによって）

ここを押さえて！

Users need to take special care not to give out their personal information to strangers. のように、カードの英文の抜き出し解答は不可。By …ing で答えない場合は、Users を代名詞 you に、their を your に置き換えると合格解答になります。

パッセージの訳　偉大なテクノロジー

今日では、インターネットは社会で最も偉大なコミュニケーション技術の一つです。人々はしばしばウェブ上や E メールや Facebook のようなソーシャル・ネットワーキング・サービスでアイディアや情報を交換します。インターネットは非常に役に立ちますが、ネット使用に関わる危険性について、認識しておく必要があります。そのリスクを避けるには、ユーザーは、個人情報を見知らぬ人に公開しないように特別の注意を払う必要があります。

語句注
- SNS　ソーシャル・ネットワーキング・サービス
- be aware of　～を認識する
- (be) involved in　～に巻き込まれる
- take care　注意する
- give out　公表する

Exercise 6

No.2 ▶ Now, please look at the picture and describe the situation. You have 20 seconds to prepare. Your story should begin with the sentence on the card.

CD 2　41 *(20 seconds)* Please begin.

（イラストを見て状況描写をしなさい。20秒の準備時間があります。ストーリーはカードに書かれた文を使って始めなさい）

📢 モデル・ナレーション

1 One night, Ken was thinking of showing his relationship with his beautiful girlfriend on the Internet. He said, "I will post this nice picture of us on facebook. Everyone can see us."

訳 ある夜、ケンは彼の美しいガールフレンドとの関係をネット上で見せることについて考えていました。彼は言いました。「フェースブックに僕たちのこの素敵な写真をアップしよう。そしたらみんなが見てくれる。

攻略法

復習ですが、1コマ目の描写では、まず**カードに指定されている一文で必ず始めましょう**。ここでの描写ポイントですが、吹き出しのセリフをそのまま引用したシンプルな解答でも OK です。あとは、**X said to Y, "≪セリフの引用≫"** のひな形を使って、発言者が誰であるのかを間違わないように注意してください。本問の場合は、「『みんなに見てもらえるように、Facebook に自分たちの写真を投稿しよう』とケンが言った」点を述べます。**show off**（~を見せびらかす）や **post a picture**（写真を投稿する）は必須表現です。

➡ 次のページへ続く

2

The next morning at school, her classmates were looking at their private picture on smartphones and tablet computers. They were so excited about the picture and teased her. She looked so upset.

訳 翌日学校で、彼女のクラスメイトたちがスマートホンやタブレットコンピュータで、彼らのプライベートな写真を見ていました。クラスメイトたちは、その写真に興奮状態で、彼女を冷やかしていました。彼女はとても困った様子でした。

攻略法

「例の写真をタブレットコンピューター(またはスマートホン)で見ているクラスメイトたち」「とても困った表情の女の子」の2点の描写がポイントです。on the smartphone や on the tablet computer はよく使う表現です。また be excited about ～(～に興奮状態である)、tease ＋ 人(〈人〉をからかう)、look upset (困った表情である)などは2級面接の描写問題必須の表現です。

3

The next day, she looked so angry at what he did. She said, "Why did you do such a silly thing? I'll never see you again. Our relationship is over!" Ken tried to apologize to her, but she wouldn't listen.

訳 翌日、彼女はケンのとった行動にとても腹が立っているようでした。彼女は「どうしてあんな馬鹿なことをしたの？ もうあなたとは会わないわ。私たちの関係は終わりよ！」と言いました。ケンは謝ろうとしましたが、彼女は耳を貸しませんでした。

攻略法

「彼の行動に腹を立てた彼女」と「ケンの謝罪を受け入れなかった彼女」の2点の描写がポイントです。
「**～に謝罪する**」は apologize to ～が難しければ say sorry to で逃げる手もありますが、意味が軽くなります。wouldn't は「**どうしても～しようとしなかった**」です。

Exercise 6

No.3 ▶ These days, many people read news on the Internet instead of reading newspapers. Do you think people will stop buying newspapers in the future?

(最近、新聞ではなくネットでニュースを読む人が多いです。将来、人々は新聞を買うのをやめると思いますか?)

合格解答 賛成

Yes. Today more and more people read news on the smartphone free of charge. At this rate, people will stop buying newspapers in the future.

(はい。今日、スマートフォンで無料のニュースを読む人がますます増えています。この調子だと、人々は将来新聞を買うのをやめてしまうでしょう)

ここを押さえて!

新聞の未来を問う問題。**解答には2つの理由を書く方法と、1文目で1つの理由を述べ、2文目でそれをサポートする方法**があり、本問の合格解答は、後者です。 前者の場合は「ネットニュースの即時性 (Unlike the newspaper, we can read the news on the Internet immediately.)」を付け加えるとよいでしょう。

合格解答 反対

No. You can carry a newspaper and read it wherever you go, even in a bathtub. So I think many people will keep buying a newspaper for the convenience.

(いいえ。新聞は、どこに行くときでも、お風呂の中にでも持っていって読むことができます。よって、その利便性のため多くの人が新聞を買い続けると私は思います)

ここを押さえて!

別の理由として、「電子メディアに比べて**目の疲れ**や**肩こり**が少ない (cause less **eye strain** and **stiff shoulders** than electric media) や、「ハードウェアが不要 (you don't need hardware to read a newspaper) なども考えられます。

No.4 ▶ Some people say that children are easily influenced by violent movies. What do you think about it?

(子供は暴力的な映画に影響を受けやすいという人がいますが、どう思いますか?)

合格解答 賛成

I agree. Children can't tell the difference between movies and reality. So they tend to imitate violent behaviors they see in those movies.

(賛成です。子供たちには映画と現実の差がわかりません。よってそういった映画で見た暴力的な行為をまねる傾向にあります)

ここを押さえて！

「暴力的な映画の子供に与える影響」を問う問題。「子供は映画と現実の差がわからない」ので、「暴力行為をまねてしまう」と因果関係を表現すると満点解答。本問のような【What do you think about it?】型の問題は、比較的何でも答えられ、「暴力的な映画を親は子に見せるべきではない（Parents shouldn't let their children watch violent movies.）」などもOKですが、論理的な満点解答としては、I agree. の後に賛成理由を述べる必要があります。**tell the difference between A and B**（AとBの差がわかる）、**tend to imitate**（まねる傾向にある）は必須表現。

合格解答 反対

I disagree. Many children know that violence is not acceptable in society. So they don't copy violent behaviors they see in violent movies.

(反対です。多くの子供は暴力は社会では認められないと知っているので、暴力的な映画で見た暴力的行為をまねることはありません)

ここを押さえて！

「暴力＝悪と子供は知っている」と述べて平均点。「だから見た暴力行為をコピーすることはない」と論理的なサポート文を続けて満点解答です。

Exercise 6

メディア関連Q&Aトレーニングに挑戦!

メディアに関する3つの質問に、英語で答える訓練をしましょう。

CD 2 | 44

Q1

Some people say that shoppers are influenced by advertisements too easily. What do you think about that?

買い物客は広告にあまりにも簡単に影響されているという人がいますが、これに対してどう思いますか?

合格解答 [賛成] I agree. Advertisements always make people buy what they don't really need. This is because advertisements make products seem so attractive to consumers.

賛成です。広告は本当には必要ないものを常に人々に買わせます。広告が商品を消費者に非常に魅力的に思わせているからです。

答え方のポイント 「広告に消費者は容易に影響されているか」を問う問題。賛成意見として「不必要なものも広告により買ってしまうことがよくある」こと、そして「広告は商品を魅力的に思わせてしまう」ことを述べる。**不要なもの** は unwanted [unnecessary] things と言い換えてもいいでしょう。

合格解答 [反対] I disagree. Most people don't take advertisements so seriously. They do not always believe product information given by advertisements.

反対です。たいていの人は、広告内容をそんなに真剣にはとりません。広告が与えた商品情報を必ずしも信じるとは限らないのです。

答え方のポイント 反対意見としては、「広告内容を真剣にとることはない」「広告にある製品情報を鵜呑みにすることはない」点を挙げます。take 〜 seriously(真剣に〜をとる)は使えるようにしましょう。

Q2

Do you think watching TV is a good way to get information?
Yes. → Why?   No. → Why not?
It depends. → Please explain.

テレビの視聴は情報を得る良い方法だと思いますか?

合格解答 賛成▶ Yes. There are various useful programs on television. They include documentary programs, and educational programs on foreign language study, and business and politics.

はい。テレビにはさまざまな役立つ番組があります。ドキュメンタリー番組や語学、ビジネス、政治についての教育的な番組などがあります。

答え方のポイント 「情報源としてのテレビの是非」を問う問題。賛成意見として「さまざまな役立つ番組がある」ことを述べ、具体例を次に続けてサポートするとよいでしょう。「これらの番組は面白い (These programs are entertaining.)」は「情報」がエンタメではないのでここでは不可です。注意しましょう。

合格解答 反対▶ No, I don't think so. Most TV programs are not informative. They are mostly popular music programs, childish comedies and dramas.

そうは思いません。たいていのテレビ番組は、知識を与えてくれるものではありません。たいていは、ポピュラー音楽番組や、子供っぽいコメディーやドラマです。

答え方のポイント 反対意見の別解として、Most TV programs are low quality and feature sex and violence. They are far from informative. (たいていのテレビ番組は低品質でセックスや暴力を売り物にしています。情報を与えるのとは程遠いです。) なども考えられます。informative (情報を提供する)、childish (子どもっぽい)、far from ~ (~からは程遠い) も覚えておきましょう。

Exercise 6

CD 2 | 46

Q3

Today, there are some Japanese actors appearing in foreign films. Do you think the number of these actors will increase in the future?
Yes. → Why?   No. → Why not?

今日、外国映画に出演している日本人俳優が何人かいます。こういった俳優の数は将来増えると思いますか？

合格解答 賛成▶ Yes. I think more and more foreign directors want Japanese actors in their films. This is because their acting skills and English ability are getting better.

はい。映画で日本人俳優を希望する外国の監督はますます増えていると思います。これは彼らの演技のスキルと英語の能力が高くなっているからだと思います。

答え方のポイント　「外国映画へ進出する日本人俳優が増えるか」を問う問題。「より多くの日本人俳優が外国の監督から求められている」現状分析をした後、その理由として、「演技力と英語力（acting skills and English ability）の向上」をあげるとよいでしょう。

合格解答 反対▶ No, I don't think so. Most Japanese actors don't speak foreign languages very well. Also, their acting skills haven't reached the global standard.

そうは思いません。たいていの日本人俳優は、外国語があまりしゃべれませんし、演技力も世界水準に達していません。

答え方のポイント　反対意見としては、「語学力の弱さ」と、「世界水準に達していない演技力」を挙げるとよいでしょう。**reach the global standard（世界水準に達する）**は重要な表現です。使えるようにしましょう。

Exercise 7

Well-Balanced Diet

Today, many people are very busy with work and find it difficult to prepare meals and eat a well-balanced diet. Under the circumstances, people often depend on easily available vitamin supplements to make up for the shortage of nutrition and minerals their bodies need. However, it is very important to have a well-balanced diet and get proper nutrition from natural food without taking too many supplements.

お手本音声▶ CD 2 47

Questions

No.1▶ According to the passage, how do many people make up for the shortage of nutrition their bodies need?

No.2▶ Now, please look at the picture and describe the situation. You have 20 seconds to prepare. Your story should begin with the sentence on the card.

(20 seconds) Please begin.

No.3▶ Some people say that selling cigarettes from vending machines should be stopped. What do you think about that?

No.4▶ These days, many young people buy meals at convenience stores. Do you think this is bad for their health?

Exercise 7

Your story should begin with the following sentence:
One day, Erika was enjoying shopping at the mall.

1 I've got to lose weight.

The next morning at home

2

Later that day at school

3

合格解答とポイント

No.1 According to the passage, how do many people make up for the shortage of nutrition their bodies need?

（パッセージによると、人々はどのように身体が必要とする栄養分の不足を埋め合わせをするのですか?）

合格解答

By depending on easily available vitamin supplements.

（容易に手に入るビタミン剤にしばしば頼ることによって）

ここを押さえて！

質問が how（方法）で聞かれているので、By（～の方法で）で答えます。why で聞かれることもあるので、面接官の英語を注意深く聞き取りましょう。答えのヒントは Under the circumstances（このような状況では）の後の文脈となっています。別の解答例として By で始めずに They often depend on easily available vitamin supplements. とすることも可能ですが、基本的には合格解答のように By で解答しましょう。また、Many people often depend on vitamin supplements. のように、主語を代名詞 They で答えない場合は満点解答とはならないので注意が必要です。

パッセージの訳　バランスのとれた食事

今日では、多くの人が仕事で忙しく、食事の準備をしてバランスの良い食事をすることは難しいと感じています。このような事情で、人々は身体に必要な栄養やミネラル不足の埋め合わせをしようと、しばしば容易に手に入るビタミン剤に頼ります。しかし、サプリメントを多く摂りすぎず、バランスのとれた食事や自然の食べ物から適切な栄養分を摂取することが大変重要です。

語句注
- available　手に入る
- make up for　埋め合わせる
- supplement　サプリメント
- proper nutrition　適切な栄養

Exercise 7

No.2 ▶ Now, please look at the picture and describe the situation. You have 20 seconds to prepare. Your story should begin with the sentence on the card.

CD 2　49 *(20 seconds)* Please begin.

（イラストを見て状況描写をしなさい。20秒の準備時間があります。ストーリーはカードに書かれた文を使って始めなさい）

🔊 モデル・ナレーション

1

One day, Erika was enjoying shopping at the mall. When she saw a very beautiful girl, she thought, "I've got to lose weight." And she decided to go on a diet.

訳 ある日、エリカはショッピングモールで買い物を楽しんでいました。彼女はとても美しい女性を見た時、「体重を減らさなければ」と思いました。そして彼女はダイエットする決心をしました。

攻略法

一番目のポイントである「きれいな女性を見て、ダイエットしようと決心した」ことを必ず述べます。

go on a diet（ダイエットをする）は重要表現。「痩せている」と言うなら **slim** が適切でしょう。この他 **have a good figure**（スタイルが良い）の表現も重要です。

➡ 次のページへ続く

2

The next morning at home, she didn't eat anything for breakfast. When her mother saw it, she got worried about her health.

訳 次の日の朝に家で、彼女は朝食に何も食べませんでした。母親はそれを見た時、彼女の健康を心配しました。

攻略法
ここでのポイントは「痩せようとして朝食を食べなかったこと」です。skip breakfast（朝食を抜く）の表現も覚えておきましょう。解答例のように母親の心配そうな表情も加えるとさらに得点アップです。Her mother was very concerned about her health.（母親は彼女の健康が非常に気になった）とも言い換えが可能です。be concerned about（〜を気がかりに思う）。このように、描写のアイディアに困った時は「**人物の表情をひとつ加える**」ことを覚えておきましょう。

3

Later that day at school, she became very hungry and couldn't concentrate on her study. She felt really sorry that she hadn't eaten breakfast in the morning.

訳 その日の後になって、学校で彼女はとてもお腹が空き、勉強に集中できませんでした。彼女は朝に朝食を食べなかったことを後悔しました。

攻略法
ポイントは「お腹が空きすぎて勉強できなかったこと」です。
解答例は他に She was too hungry to concentrate on her study.（お腹が空き過ぎて勉強に集中できなかった）と言い換えることもできます。concentrate on は「〜に集中する」。女性の後悔する気持ちは、解答例のように feel sorry for 〜（〜を残念に思う；後悔する）で表現できますが、他には She thought, "I should have eaten breakfast."（彼女は「朝食を食べるべきだったのに」と思った）のように should + have + **過去分詞**（〜すべきであったのに）のようにも表現可能です。他に I should have never been on a diet.（ダイエットなんか絶対すべきでなかったのに）、I should have listened to my mother more carefully.（もっと注意して母の言うことを聞くべきだったのに）のような描写も適切です。

Exercise 7

No.3 ▶ Some people say that selling cigarettes from vending machines should be stopped. What do you think about that?

CD 2 50　（自動販売機でタバコを売ることはやめるべきだ、と言う人がいます。あなたはどう思いますか?）

合格解答　賛成

I agree. It is a pity that even children can buy cigarettes from a vending machine. We should protect children's health by stopping it.

（賛成です。子供でさえも自動販売機でタバコを買えるのは良くありません。私たちはそのことを止めることで子供たちの健康を守ってあげるべきです）

ここを押さえて!

「自動販売機でタバコを売ることをやめるべきか」を問う問題。ポイントである「子供でも簡単にタバコを買えるから」を述べて平均点。さらに「子供の健康を守るべきだ」まで答えて満点ゲットです。他には **It's our responsibility to protect their health.**（彼らの健康を守るのが我々の責任だ）のような意見も可能です。

合格解答　反対

I disagree. It will decrease the sales of cigaretts, and therefore weaken the economy. Smokers will also have trouble buying cigaretts at night.

（反対です。それはタバコの売上げを下げ、経済を弱くします。喫煙者もまた夜にタバコを買うのに苦労するでしょう）

ここを押さえて!

反対意見のポイントである「タバコの売り上げを下げてしまう」を述べて平均点。さらに「喫煙者も夜に買えなくて苦労する」と続けて満点です。

No.4 ▶ These days, many young people buy meals at convenience stores. Do you think this is bad for their health?

(最近、多くの若者がコンビニで食事を買いますが、その事は健康に悪いと思いますか?)

合格解答　賛成

> Yes. Meals at convenience stores are not healthy enough. Many of them are not well balanced and have a low quality.

(はい。コンビニの食べ物は十分に健康的ではありません。その多くはバランスが悪く、質が悪いです)

ここを押さえて!

「コンビニの食事が健康に悪いか」を問う問題。解答例は「健康に良くないから」と述べて平均点。さらに「バランスが悪く、品質も低い」まで答えて満点ゲットです。**maintain good health**(健康を維持する)、**become health conscious**(健康意識が高くなる)のような表現も重要です。

合格解答　反対

> No. Various healthy foods such as salad are available at convenience stores. They can always choose healthy products if they are careful about their health.

(いいえ。コンビニエンスストアでは、サラダのような健康的な食べ物が手に入ります。もし健康に注意しているのなら、健康に良い物を選べます)

ここを押さえて!

反対の意見として、まず「サラダのような健康に良い物を買える」と答えて平均点。さらに「健康に良いものを選択できる」まで答えて満点解答です。この他 **make healthy food choices**(健康に良い食べ物を選ぶ)のような表現も覚えておきましょう。

Exercise 7

健康関連Q&Aトレーニングに挑戦!

健康に関する3つの質問に、英語で答える訓練をしましょう。

Q1

Some people say that young people in Japan do not eat enough vegetables. What do you think about that?

日本の若者は野菜を十分に食べていないという人がいます。あなたはどう思いますか?

合格解答 賛成▶ I agree. They don't realize the importance of eating vegetables to maintain their health. I think that they should be more careful about what they eat.

賛成です。彼らは健康を維持するために野菜を食べることの重要性に気がついていません。彼らはもっと食べる物に注意するべきです。

答え方のポイント 賛成意見として、「野菜を食べることの重要性に気がついていない」こと、そして「もっと食べるものに気をつけるべきだ」という意見でまとめます。maintain(〜を維持する)は頻出単語です。

Q2

Some people say that young people today do not eat enough healthy food. What do you think about that?

最近の若者は健康的な食品を十分に食べていないという人がいます。あなたはどう思いますか?

合格解答 賛成▶ I agree. They often eat junk food because it is cheap and easily available. Young people have a big appetite and don't care so much about their health.

賛成です。彼らは、ジャンクフードは安くて簡単に手に入るためよく食べます。若者は食欲が旺盛で、あまり自分の健康について気にしていません。

(答え方のポイント) 賛成意見として、まず「安くて簡単に手に入るジャンクフードを食べる」こと、そして「食欲が旺盛であまり健康について気にしていない」ことの2点を挙げます。

合格解答 反対▶ I disagree. I think young people today are getting more and more health-conscious. They try to eat healthy food as often as possible.

反対です。今日の若者はますます健康志向になっています。彼らはできるだけ多く健康的な食べ物を食べるようにしています。

(答え方のポイント) 反対意見として、まず「健康への意識が高い」ことを述べ、次に「できるだけ健康的なものを食べるようにしている」という具体例を挙げてまとめます。health-conscious（健康志向である）は重要表現です。

Exercise 7

Q3

Today, some people go to work by bicycle. Do you think the number of such people will increase in the future?

最近は自転車で通勤する人がいます。あなたはこのような人が将来増えると思いますか?

合格解答 賛成▶ Yes. People are getting more and more health-conscious. Therefore, more people will go to work by bicycle to stay healthy in the future.

はい。人々はますます健康志向になっています。よって、将来的にはより多くの人々が健康を維持するために自転車で通勤するでしょう。

答え方のポイント 賛成意見として、まず「人々が健康志向になっている」こと、そして「自転車で通勤する人が増えると予想される」ことの2点を挙げます。

合格解答 反対▶ No. Most people, especially in urban areas live far away from where they work. They can't commute to work by bike, so they need to drive a car or take a train to their workplace.

いいえ。ほとんどの人々、とりわけ都市部の人々は職場から遠く離れた所に住んでいます。彼らは自転車で仕事に行けないので、車を運転したり電車に乗ったりする必要があります。

答え方のポイント 反対意見として、まず「たくさんの人が仕事場から遠い所に住んでいる」こと、そして「車や電車を使わずに、自転車では通勤できない」ことの2点を述べます。workplace(職場)、commute to work(通勤する)は頻出表現です。

Exercise 8

Spiritual energy spots

Today, many Japanese people like to visit places called "Power spots", or spiritual energy spots across the country. These places are believed to bring benefits and grace to those who visit them. However, it is often pointed out that these sacred places can be damaged by tourists' bad behavior. We are all responsible for preserving such important sites and beautiful nature.

Questions

No.1 ▶ According to the passage, why do many Japanese people like to visit spiritual energy spots?

No.2 ▶ Now, please look at the picture and describe the situation. You have 20 seconds to prepare. Your story should begin with the sentence on the card.

(20 seconds) Please begin.

No.3 ▶ Some people say that the number of tourists who visit areas of natural beauty should be controlled. What do you think about that?

No.4 ▶ These days, many people are spending their vacations abroad. Do you think taking vacations abroad is better than taking them in Japan?

Exercise 8

Your story should begin with this sentence:
One day, a man and a woman were sitting on the sofa in the living room.

1 travel / travel

One hour later

2 Why don't we go to "spiritual energy spots"?

One week later

3

合格解答とポイント

No.1 ▶ According to the passage, why do many Japanese people like to visit spiritual energy spots?

(どうして多くの日本人はパワースポットを訪れたいのでしょうか?)

合格解答

It is because these places are believed to bring benefits and grace to those who visit them.

(なぜならば、これらの場所は訪れた人に神のご利益をもたらすと信じられているからです)

ここを押さえて!

解答のヒントは最後の文章です。質問は why で聞かれているので、**It is because** で答えます。It is because をとばして These places are believed to bring benefits and grace to those who visit them. と答えても完全な正解にはならないので注意しましょう。面接の時にパッセージを音読する時は、必ず後で何を質問されるかを考えながら読む練習をしましょう。

パッセージの訳　パワースポット

今や多くの日本人が国内中のいわゆるパワースポットと呼ばれる場所を訪問したいと思っています。これらの場所は訪れた人に神のご利益をもたらすと信じられています。しかしながら、これらの神聖なスポットは観光客の悪い振る舞いでダメージを受ける、とよく指摘されています。我々の一人一人が、そのような重要な観光地や美しい自然を守る責任を担っています。

語句注
- □ bring benefits and grace　神のご利益をもたらす
- □ sacred place　神聖なる場所
- □ preserve　守る

Exercise 8

No.2 ▶ Now, please look at the picture and describe the situation. You have 20 seconds to prepare. Your story should begin with the sentence on the card.

CD 2 57 *(20 seconds)* Please begin.

（イラストを見て状況描写をしなさい。20秒の準備時間があります。ストーリーはカードに書かれた文を使って始めてください）

モデル・ナレーション

1
<u>One day, a man and a woman were sitting on the sofa in the living room.</u> They were talking about their vacation plan together. There were a few travel brochures on the table.

訳　ある日、男性と女性は居間でソファーに座っていました。彼らは一緒に休暇のプランを話していました。テーブルには何冊かの旅行パンフレットがありました。

攻略法
ポイントは「男女が旅行プランを計画している」ことです。
パンフレットは brochure で、もう少し薄い物は leaflet、チラシのようなペラペラの紙一枚物は flyer となります。解答例以外に They were discussing where to go on the vacation.（彼らは休暇にどこへ行こうか話し合っていた）や They were looking forward to their vacation.（彼らは休暇を心待ちにしていた）のような描写も可能です。look forward to は「楽しみに待つ」。

➡ 次のページへ続く

2

One hour later, the woman said to the man, "Why don't we go to spiritual energy spots?" He thought it was really a good idea.

訳 一時間後、女性は男性に「パワースポットに行くのはどう?」と言いました。男性はとっても良いアイディアだと思いました。

攻略法

ポイントは「女性の提案でパワースポットへ行くことになった」ということです。

解答例以外に、She came up with a good idea.（彼女は良い考えを思いついた）も可能です。Why don't we ～ ? は「提案」をする時の決まり文句で、How about going to spiritual energy spots? とも言い換えできます。日本語の「パワースポット」は和製英語で直訳がないので、spiritual energy spot [spiritual power spot] と表現します。

3

One week later, they were in the mountains and looking for the site. There were no other tourists around. They felt so lonely and scared in nature.

訳 一週間後、彼らは山奥にいてスポットを探していました。周りには他の観光客は誰もいませんでした。彼らは自然の中でとても孤独で非常に怖くなりました。

攻略法

ポイントは「パワースポットが見つからず、男女が山の中で怖がっていた」ことです。

site（場所）はこの場合はパワースポットのことですが、他に tourist site（観光地）や construction site（建築現場）のように使われます。ぜひ覚えておきましょう。

「他に誰もいなかった」は There was nobody else around. とも表現可能です。解答例以外に They were scared to death.（彼らは死ぬほど怖かった）、They got frightened in the dark.（彼らは暗闇で震え上がった）のような表現のバリエーションも増やしておきましょう。

Exercise 8

No.3 ▶ Some people say that the number of tourists who visit areas of natural beauty should be controlled. What do you think about that?

CD2 58 （自然の美しい場所を訪れる観光客の数を規制すべきだという人がいますが、あなたはどう思いますか？）

合格解答 賛成

I agree. Many tourists can cause huge damage to nature. I think that local governments should control the number before it's too late.

（賛成です。多くの観光客は自然に大きなダメージを与えます。私は、手遅れにならないうちに、地方自治体がその数を制限するべきだと思います）

ここを押さえて！

「自然を訪れる観光客を規制すべきか」を問う問題。賛成意見として、まず「観光客は自然に大きな損害を与える」ことを述べ平均点。それから「地方自治体が規制すべきだ」まで答えて満点解答です。この他の関連表現として、**destroy nature**（自然を破壊する）、**preserve nature for future generations**（未来の世代のために自然を保護する）も覚えておきましょう。

合格解答 反対

I disagree. Many people should visit areas of natural beauty to learn more about nature. Also, tourists can stimulate the local economy.

（反対です。多くの人は自然のことをもっと学ぶために、自然の美しい場所を訪れなくてはなりません。それに、観光客は地元の経済に刺激を与えます）

ここを押さえて！

反対意見としてまず「自然のことを学ぶために行くことは必要だ」と述べて平均点。さらに「地元の経済にも良い」と答えて満点です。**contribute to the economic development**（経済発展に貢献する）とも言えます。

No.4 ▶ These days, many people are spending their vacations abroad. Do you think taking vacations abroad is better than taking them in Japan?

(最近では多くの人が海外で休暇を過ごします。あなたは日本で休暇を過ごすより、外国で過ごす方が良いと思いますか?)

合格解答　賛成

Yes, I think so. People can experience different cultures overseas. They can find more exciting things in different countries.

(はい、そう思います。人々は海外では異なった文化を体験できます。彼らは違う国ではもっとワクワクすることに出会うことができます)

ここを押さえて！

「国内より海外で休暇を過ごす方が良いか」を問う問題。賛成意見として「異文化に触れられる」ことを述べて平均点。さらに「もっと興奮するようなことに出会える」ことを述べて満点解答です。他の意見として **People can broaden their horizons if they travel abroad.**（海外旅行をすると視野が広くなる）も適切でしょう。**broaden one's horizons**（視野を広げる）。

合格解答　反対

No, I don't think so. There are so many wonderful tourist spots in Japan. It will also undermine the tourism industry in Japan.

(いいえ、そう思いません。日本にはたくさんのすばらしい観光地があります。それはまた、日本の観光業も衰えさせます)

ここを押さえて！

反対意見として「日本にすばらしい観光地がある」ことを述べて平均点。さらに「日本の観光業も衰える」ことを述べて満点解答です。「観光地」は **tourist spot** の他に **tourist attraction** や **scenic spot** などの表現も覚えておきましょう。

Exercise 8

レジャー関連Q&Aトレーニングに挑戦!

レジャーに関する3つの質問に、英語で答える訓練をしましょう。

CD 2 60

Q1

Some people say that the number of people who go to movie theaters will decrease in the future. What do you think about that?

将来は映画館に行く人が減るという人がいます。あなたはどう思いますか?

合格解答 賛成▶ I agree. Watching movies at movie theaters costs much more than watching rented DVDs. Besides, people can relax and enjoy movies on the large TV screen at home these days.

賛成です。映画館で映画を観ることはDVDを借りるよりずっとお金がかかります。その上、最近では、人々は家でリラックスして大きなテレビの画面で映画を楽しむことができます。

答え方のポイント この質問の解答は「賛成」側で答えるのが最近の時勢に合っているでしょう。実際、超大型テレビの普及や画像の高品質なDVDソフトなどのおかげで、映画館に行かず気軽に自宅でのんびり映画鑑賞する人はますます増えています。賛成意見として、「映画館は高くつく」ことや「自宅にいてもテレビの大型スクリーンで映画を楽しめるようになった」ことなどを挙げましょう。

第4章 模擬テスト+応答練習

Q2

Some people say that going on a group tour is better than traveling alone. What do you think about that?

団体のツアーの方が一人で旅行するより良いと言う人がいます。あなたはどう思いますか?

合格解答 賛成▶ I agree. Going on a group tour is more convenient than traveling alone, because everything is arranged by travel agents. It is also safer than traveling alone, especially in foreign countries.

賛成です。団体ツアーは、一人で旅行するより便利です。なぜなら、旅行代理店によって全てが手配されているからです。また、特に外国の場合、一人で旅行するよりも安全です。

答え方のポイント 賛成意見として、まず団体旅行が「手続きされていて便利である」こと、それから「個人旅行より安全である」ことの2点を挙げます。**arrange**（手配する）、**travel agent**（旅行代理店）は重要単語です。

合格解答 反対▶ I disagree. You can have a lot of free time when you travel alone. You can also make your own travel schedule.

反対です。一人で旅行する時はたくさんの自由な時間があります。また、自分だけの旅行スケジュールを組むことができます。

答え方のポイント 反対意見として、まず「個人旅行の方が自由な時間が多い」こと、そして「自分でスケジュールを組める」などの良い点2つを挙げます。**your own**（あなた自身の）は頻出表現です。

Exercise 8

Q3

Today, many people go to gyms to do some exercise in their free time. Do you think the number of these people will increase in the future?
Yes. → Why?   No. → Why not?

今日では、たくさんの人が自由時間にジムへ行って運動をします。あなたは将来、このような人の数が増えると思いますか？

合格解答 賛成▶ Yes. Many people are becoming more and more health-conscious. Besides, gyms are offering better services to attract more users, including free lessons in swimming and dancing.

はい。多くの人がます ます健康志向になってきています。さらに、多くのユーザーを引きつけるために、ジムは無料の水泳やダンスのレッスンなどを含むより良いサービスを提供しています。

答え方のポイント 賛成意見として、まず「健康意識が高まっている」こと、そして「ジムがさまざまなサービスを提供している」ことの2点を挙げます。**attract**（〜を引きつける）、**including**（〜を含めた）は頻出単語です。

合格解答 反対▶ No. Most people find it expensive to join a gym. They are also very busy with their work. So they will try to do exercise at home after busy days of hard work.

いいえ。ほとんどの人はジムに入会するのは高いと思っています。彼らはまた、仕事で忙しいです。なので、忙しい仕事の後は家で運動をしようとするでしょう。

答え方のポイント 反対意見として、まず「ジムが高い」ことや「仕事で忙しい」という短所を挙げ、さらに「家で運動をする」ことを述べます。**be busy with 〜**（〜で忙しい）は頻出表現です。

Exercise 9

Flex-time

Nowadays, a growing number of companies are adopting flex-time for their employees which allows them to choose when they work. For example, some workers come to work early and finish their job early. Some workers come to work late in the morning to avoid a traffic jam. In this way, many workers can have more freedom, which can contribute to higher work efficiency and productivity for companies.

お手本音声 ▶ CD 2 63

Questions

No.1 ▶ According to the passage, why are many companies adopting flex-time for their workers?

No.2 ▶ Now, please look at the picture and describe the situation. You have 20 seconds to prepare. Your story should begin with the sentence on the card.

(20 seconds) Please begin.

No.3 ▶ Today, many people buy things with credit cards instead of cash. Do you think this is a good idea?

No.4 ▶ Today, many Japanese people work in foreign countries. Do you think the number of these people will increase in the future?

Exercise 9

Your story should begin with this sentence:
One day, a man was going to work by train.

1. I wish I could go to work much later.

One month later

2. Flex-time

A few months later

3.

合格解答とポイント

No.1 According to the passage, why are many companies adopting flex-time for their workers?

（パッセージによると、どうして多くの会社がフレックスタイム制を導入しているのですか？）

合格解答

It is because many workers can have more freedom, which can contribute to higher work efficiency and productivity for companies.

（なぜならば、社員はもっと多くの自由を得、そのことが会社のより高い仕事効率や生産性につながるからです）

ここを押さえて！

解答のヒントは In this way,（このようにして）からの文脈です。質問は why で尋ねているので、解答は合格解答のように It is because ... で始めましょう。もし It is because から始めずに、Many workers can have more freedom, which can contribute to higher work efficiency. と答えたり、In this way, からの文章を丸ごと音読するような解答の仕方は、完全な正解にはならないので注意が必要です。質問文に合う正しい答え方で解答しましょう。

パッセージの訳　フレックス制

最近では、ますます多くの会社が、社員が自分の働く時間を選べるフレックス制を導入しています。例えば、朝早く仕事に来て、早く仕事を終了したり、交通渋滞を避けるため午前中の遅い時間に会社に来る社員もいます。このようにして、社員はもっと多くの自由を得、その事は会社にとってより高い仕事効率や生産性につながります。

語句注
- a growing number of　ますます多くの〜
- adopt　採用する
- avoid　避ける
- contribute to　〜に貢献する
- work efficiency　労働効率

Exercise 9

No.2 ▶ Now, please look at the picture and describe the situation. You have 20 seconds to prepare. Your story should begin with the sentence on the card.

CD 2 65 *(20 seconds)* Please begin.

（イラストを見て状況描写をしなさい。20秒の準備時間があります。ストーリーはカードに書かれた文を使って始めてください）

📢 モデル・ナレーション

1 One day, a man was going to work by train. He was very annoyed and uncomfortable in the crowded train. He thought, "I wish I could go to work much later."

訳 ある日、男性は電車で仕事に向かっていました。彼は混雑した電車の中で大変不快でした。彼は「もっと遅い時間に通勤できればいいのに」と思いました。

攻略法

ポイントは「男性が混み合った電車で通勤している」、「もっと遅い時間に出勤したいと思っている」ことです。

「電車で通勤する」は commute to work by train とも表現できます。annoyed（困っている）は他に frustrated や irritated（イライラしていた）とも表現可能です。解答例以外に、He was feeling a lot of stress in the train.（彼は電車の中で非常に多くのストレスを感じていた）、He was sick and tired of the crowded train.（彼は満員電車に飽き飽きしていた）とも表現できるでしょう。sick and tired of は「～にうんざりしている」。

➡ 次のページへ続く

2

One month later, at the meeting, his company decided to introduce the flex time for their employees. The man and his colleagues were very happy about it.

訳 一ヶ月後、会議で、彼の会社はフレックスタイムを導入することを決めました。男性と同僚たちは大変よろこびました。

攻略法

ポイントは「会社でフレックス制が決まったこと」です。
introduce（導入する）はこのように新しいシステムなどを導入する場合に適しています。employee は「社員」。「同僚」は colleague の他に co-worker も覚えておきましょう。「上司」は boss や supervisor です。解答例以外としては、He was glad that he didn't have to go to work by the crowded train anymore.（彼はもう混雑した電車で仕事に行かなくてもよくなって、うれしかった）なども適切でしょう。

3

A few months later, he was commuting to work by train much later than before. There were only a few passengers on the train. He was very happy that he could relax and read a morning newspaper in the train.

訳 2〜3ヶ月後、彼は前よりもっと遅い時間に電車で通勤していました。電車には数えるくらいの乗客しかいませんでした。彼は電車でリラックスして朝刊を読めることを大変うれしく思いました。

攻略法

ポイントは「フレックス制のおかげで男性はゆっくり通勤できるようになった」ことです。
passenger（乗客）の他に station staff（駅員）や commuter（通勤者）、pedestrian（通行人）などもついでに覚えておきましょう。解答例以外に、He appreciated his company's decision.（彼は会社の決断に感謝しました）なども適切です。

Exercise 9

No.3 ▶ Today, many people buy things with credit cards instead of cash. Do you think this is a good idea?

(今日では、多くの人が現金の代わりにカードで買い物をします。あなたはこのことは良いと思いますか?)

CD 2 66

合格解答 賛成

Yes, I think so. When you buy something, it is more convenient to use a credit card. Besides, it is dangerous to carry cash.

(はい、そう思います。買い物する時にはカードを使う方が便利です。その上、現金を持ち歩くことは危険です)

ここを押さえて!

「現金よりクレジットカードでの買い物が良いか」を問う問題。賛成意見として、まず「便利である」ことを述べて平均点。さらに「現金を持ち歩くことは危ない」と述べて満点ゲットです。Besides は解答例のように文頭で使って「その上」「さらに」と情報を付け加える際に使います。

合格解答 反対

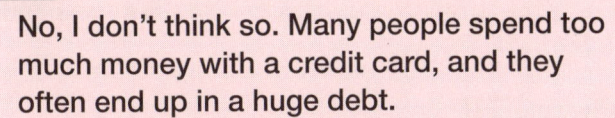

No, I don't think so. Many people spend too much money with a credit card, and they often end up in a huge debt.

(いいえ、そう思いません。多くの人がカードでお金を使い過ぎます。そして、しばしば多額の借金をしてしまいます)

ここを押さえて!

反対意見として、まず「カードを使い過ぎる」ことを述べ平均点。それから「しばしば多くの借金をする」と具体例を挙げて満点解答です。end up (結果的に～となってしまう) は重要表現です。fall into debt (借金に陥る)、run up a huge debt (多額の借金をためる)、pay off one's credit card (カードの借金を返済する) のような関連表現も覚えておきましょう。

No.4 ▶ Today, many Japanese people work in foreign countries. Do you think the number of these people will increase in the future?

CD 2 67 (今日では、多くの日本人が外国で仕事をしています。そのような日本人の数は将来増えると思いますか?)

合格解答 　賛成

Yes, I think so. This is because more and more Japanese companies are expanding overseas. In addition, more and more Japanese want to work in foreign countries and experience different cultures.

(はい、そう思います。なぜならますます多くの日本企業が海外進出しているからです。それに加えて、ますます多くの日本人が海外で働き、さまざまな文化を経験したいと思っています)

ここを押さえて!

「外国で仕事をしたい日本人が増えるか」を問う問題。賛成意見として、まず「日本の会社がますます海外進出している」と述べて平均点。さらに「多くの日本人も外国で仕事をしたい」ことを述べて満点解答。expand overseas は「海外に進出する」。

合格解答 　反対

No. Most Japanese people want to live in Japan because it is much safer than living abroad. Crime rates are much higher in other countries.

(いいえ。ほとんどの日本人が、海外で住むよりは安全なため日本に住みたいと思っています。犯罪率は外国の方がはるかに高いです)

ここを押さえて!

反対意見として「日本の方が外国より安全である」ことを述べて平均点。さらに「外国は犯罪率が高い」と具体例を挙げて満点ゲットです。crime rate は「犯罪率」。

Exercise 9

ビジネス関連Q&Aトレーニングに挑戦!

ビジネスに関する3つの質問に、英語で答える訓練をしましょう。

CD 2 68

Q1

Some people say that schools should teach more useful and practical skills. What do you think about that?

学校は生徒にもっと役に立つ実用的なスキルを教えるべきだと言う人がいます。あなたはどう思いますか?

合格解答 賛成▶ I agree. Students should learn more practical skills such as computer skills or foreign language skills. These skills are very important in business.

賛成です。生徒はコンピュータや外国語など、もっと実用的なスキルを学ぶべきです。これらのスキルは仕事において非常に重要なスキルです。

答え方のポイント 賛成意見として、コンピュータや外国語などの具体的な実用的スキルを挙げ、それが「将来の仕事に役に立つ」とサポートします。

第4章 模擬テスト+応答練習

Q2

Would you like to do the same job all your life?
Yes. → Why?　No. → Why not?

あなたは一生同じ仕事をしたいですか？

合格解答　賛成▶ Yes. I want to be a specialist. I think it is great that you become someone who won't be easily replaced by anyone.

はい。私は専門家になりたいです。誰にも簡単に代わりができないような人になることは素晴らしいと思います。

答え方のポイント 賛成意見として、「専門家になりたい」こと、そして「誰にも代わりができないような人になる」ことの素晴らしさを述べます。**replace**（取って代わる）は覚えておくと便利な単語です。

合格解答　反対▶ No. I want to try many different jobs in my life. It is because I want to meet many different people and learn various kinds of skills.

いいえ。私は人生でさまざまな仕事に挑戦したいです。なぜなら、たくさんの違う人に出会い、多くの技術を学びたいからです。

答え方のポイント 反対意見として、「いろんな仕事をしてみたい」こと、そして「さまざまなスキルも身につく」ことを挙げます。**various kinds of ～**（様々な種類の～）は必須表現です。

Exercise 9

Q3

Thanks to computers, more people may be able to work at home instead of at the office. What do you think of that?

パソコンのおかげで、もっと多くの人がオフィスの代わりに自宅で仕事ができるようになります。あなたはこの事をどう思いますか?

合格解答 賛成▶ I think that working at home is better than working at the office, because workers can have more time to spend with their family. They can also avoid commuting to work in crowded trains every morning.

自宅勤務はオフィスで働くより良いと思います、なぜなら労働者は家族ともっと多く時間を過ごせるからです。彼らはまた、毎朝混雑した電車での通勤を避けることができます。

答え方のポイント 賛成意見として、「労働者が家族ともっと時間を過ごせる」こと、そして「通勤での満員電車に乗らなくて済む」ことの2点の長所を挙げます。

合格解答 反対▶ Workers can work more effectively with other people in the office. Working alone at home will discourage their motivation to work harder and undermine their productivity.

労働者はオフィスで他の人と一緒の方が、もっと効率よく仕事ができます。自宅で一人きりでの仕事は、彼らの一生懸命働くモチベーションを失わせ、生産性も低下させます。

答え方のポイント 反対意見として、まず「自宅勤務より皆で一緒に働いた方が、仕事の効率が良い」点を挙げ、「モチベーションや生産性の低下につながる」点も述べてサポートします。undermine(〜を損なわせる)、productivity(生産性)は頻出です。

Exercise 10

Observing Manners

Nowadays an increasing number of people do not observe good manners in public places such as trains and restaurants. For example, some people talk loudly with a cellphone on the train. Other people, especially young women, put on makeup in a commuter train. Those thoughtless behaviors usually bother other people. So we should keep in mind that good manners are important for our society.

お手本音声 ▶ CD 2 71

Questions

No.1 ▶ According to the passage, how do people bother other people on the train?

No.2 ▶ Now, please look at the picture and describe the situation. You have 20 seconds to prepare. Your story should begin with the sentence on the card.

(20 seconds) Please begin.

No.3 ▶ Today, many people have cellphones. Do you think their manners are good when using cellphones?

No.4 ▶ Today, there are many coffee shops where smoking is not allowed. Do you think the number of these coffee shops will increase in the future?

Yes. → Why?   No. → Why not?

Exercise 10

Your story should begin with this sentence:
One day, Ken was talking to his teacher about his math class.

1
I hate your math class.

A week later at a fast food restaurant

2

Six months later at school

3

合格解答とポイント

No.1 ▶ According to the passage, how do people bother other people on the train?

（パッセージによると、どのようにして人々は、車内で他人を悩ませるのでしょうか?）

合格解答

By talking loudly with a cellphone or putting on makeup (on the train).

（[車内で]携帯電話で大声で話したり、化粧したりすることによって）

ここを押さえて！

How（どのように）と聞かれていますので、**By doing の型**で、For example 以下の2つの例を答えます。その際、前者に on the train とつけ、後者に on the commuter train としてももちろん OK ですが、一つにまとめて最後に on the train とする解答で十分です。どちらか一方の例だけ述べた場合は、満点解答にはなりませんので、要注意です。

パッセージの訳　マナーを守ること

近頃、電車やレストランのような公共の場でのマナーを守らない人が増えています。たとえば、車内で大声で携帯電話で話したり、また特に若い女性の中には通勤電車でメイクをしたりするなどです。そのような配慮のない振舞が他の人を悩ませているのです。社会にとって、マナーが重要であることを心に留めておくべきです。

語句注
- observe manners　マナーを守る
- bother　〜の気分を害する
- put on makeup　化粧する
- keep in mind　心に留めておく

Exercise 10

No.2 ▶ Now, please look at the picture and describe the situation. You have 20 seconds to prepare. Your story should begin with the sentence on the card.

CD 2 73 *(20 seconds)* Please begin.

（イラストを見て状況描写をしなさい。20秒の準備時間があります。ストーリーはカードに書かれた文を使って始めてください）

📣 モデル・ナレーション

1

One day, Ken was talking to his teacher about his math class. He was so frustrated with the teacher that he said angrily, "I hate your math class." His attitude made the teacher upset.

訳 ある日、ケンは先生に数学の授業について話しかけました。彼はその先生にとても不満で、怒って「先生の数学の授業は嫌いだ」と言いました。彼の態度に先生は、非常に困りました。

攻略法

描写のポイントは「不満を持った生徒が数学の先生に『先生の数学の授業は嫌いだ』と怒って発言する」です。

so ... that ~（非常に…なので~）、be frustrated with ~（~に不満である）、say angrily（怒って言う）は必須表現です。happily（幸せそうに）、sadly（悲しそうに）などの感情を表す副詞は使えるようになっておきましょう。

➡ 次のページへ続く

2

A week later at a fast food restaurant, Ken started doing a part-time job. He was listening to his boss carefully. His boss taught him how to provide customer service.

訳 1週間後、ファストフードレストランで、ケンはバイトを始めました。彼は上司の言うことに注意深く耳を傾けていました。上司は、顧客サービスの提供の仕方を、ケンに教えました。

攻略法

ここでのポイントは「バイトを始めたケン」が「上司の言うことに熱心に耳を傾ける」です。

do a part-time job（バイトをする）、provide customer service（客へサービスを提供する）などを覚えておきましょう。how to serve [wait on] customers（接客法）を使って表現することもできます。

3

Six months later at school, Ken met his math teacher in the hall and bowed to him. The teacher was surprised to find that the rude student became polite.

訳 6か月後、学校で、ケンは例の数学の先生に廊下で出会い、お辞儀をしました。先生は、無礼な生徒が礼儀正しくなったことに驚きました。

攻略法

ポイントは「半年後、学校で数学の先生に向ってお辞儀をするケン」と「礼儀正しくなった生徒に驚く先生」です。

in the hall（廊下で）、be surprised to find（～を見つけて驚く）、rude（無礼な）⇔ polite（礼儀正しい）など使えるようにしておきましょう。

Exercise 10

No.3 ▶ Today, many people have cellphones. Do you think their manners are good when using their cellphones?
（今日では携帯電話を持つ人が多いですが、携帯電話使用時のマナーは良いと思いますか？）

合格解答 賛成

Yes, I think so. Many people don't talk on the cellphone on the train. This is because people think telephone conversations bother other passengers.

（はい、そう思います。多くの人は電車内で携帯電話で話しません。これは電話の会話が他の乗客の迷惑になると思うからです）

ここを押さえて！

「携帯電話使用のマナー」を問う問題。「車内で携帯で話す人は多くない」と述べて平均点。「それは、電話の会話は乗客の迷惑と思うから」とその理由を続けて満点解答です。bother other passengers（他の乗客の迷惑になる）は使えるようにしましょう。

合格解答 反対

No, I don't think so. There are still many people who talk loudly on the cellphone in public transportation. Also many people forget to turn their cellphones into silent mode, so their ringtones often disturb other people.

（いいえ、そうは思いません。公共の交通機関で携帯で大声で話す人はまだたくさんいます。また、携帯をサイレントモードに切り替えるのを忘れる人が多く、着信音で他の人に迷惑をかけることがしばしばあります）

ここを押さえて！

理由①「公共交通機関で携帯でうるさく話す人の多さ」を述べて平均点。さらに理由②「うるさい着信音」を述べて満点解答。別解で「劇場で携帯を切り忘れる（forget to turn off their phones in theaters）」なども。

No.4 ▶ Today, there are many coffee shops where smoking is not allowed. Do you think the number of these coffee shops will increase in the future?
Yes → why? No → why not?

(今日喫煙が許されていないコーヒーショップがたくさんあります。こういったコーヒーショップの数は将来増えると思いますか?)

合格解答 賛成

Yes. The owners of coffee shops know that people are becoming more and more worried about the harmful effects of passive smoking on their health. So more coffee shop owners will try to make their shops smoke-free in the future.

(はい。コーヒー店のオーナーは、人々が受動喫煙の健康に与える悪影響をますます心配していることを知っています。よって、コーヒー店のオーナーは将来ますます店内を禁煙にしようとするでしょう)

ここを押さえて!

喫煙できる珈琲店の未来予測を問う問題。「受動喫煙の健康への悪影響」が注目され「店内禁煙にするオーナーが増える」と述べて満点解答。passive smoking や passive smoke は使えるようにしておきましょう。

合格解答 反対

No. The owners of coffee shops don't want to lose customers. So they will try to keep creating smoking and non-smoking areas in the coffee shops.

(いいえ。コーヒー店のオーナーは客を失いたくないので、喫煙席と禁煙席を店内に作り続けようとします)

ここを押さえて!

「客を失いたくない」ので「喫煙席と禁煙席を設けたままにする」と述べて満点解答。keep ～ing や smoking and non-smoking areas は必須表現。

Exercise 10

マナー関連Q&Aトレーニングに挑戦!

マナーに関する1つの質問に、英語で答える訓練をしましょう。

CD 2 76

Q1

Today, many people ride bicycles in their daily lives. Do you think people have good manners when they use bicycles?
Yes. → Why?　No. → Why not?

今日、日常生活で自転車に乗る人が多くいます。自転車に乗る際のこういった人々のマナーは良いと思いますか?

合格解答　反対 No, I don't think so. Many people, especially young people, ride a bicycle too fast even in a crowded street. Besides, many people leave their bicycles even in front of the station.

いいえ、そうは思いません。多くの人、とりわけ若者は混雑した路上でさえスピードを出して自転車を運転しています。また、駅前でさえ、自転車を放置する人も多くいます。

答え方のポイント　公衆でのマナーのうち、「自転者のマナー」を問う問題。反対意見としては、「混雑した場所でもスピードを出して運転する」や「駅前に自転車を放置する」などマナーの悪さを挙げます。この質問では、Yesの意見は弱いので、Noで答えるとよいでしょう。**leave one's bicycles（自転車を放置する）**は重要な表現です。**park a bicycle**なら「自転車を駐輪する」となります。

Exercise 11

Keeping a pet

These days, more and more people like to have a pet. Pets are now playing an important role in people's lives. For example, Pets can help reduce people's stress and give companionship to pet owners. However, some pet owners get tired of taking care of their pets and eventually abandon them. People should be more aware of the huge responsibility when keeping a pet.

Questions

No.1 ▶ According to the passage, how are pets now playing an important role in people's lives?

No.2 ▶ Now, please look at the picture and describe the situation. You have 20 seconds to prepare. Your story should begin with the sentence on the card.

(20 seconds) Please begin.

No.3 ▶ Today, some people have unusual pets like snakes. Do you think the number of such pet owners will increase in the future?

No.4 ▶ Some people say that people will cook at home less often in the future. What do you think about that?

Exercise 11

Your story should begin with this sentence:
One day, a woman was very busy at work.

1 I need to relieve my stress.

On the weekend

2

One month later

3

合格解答とポイント

No.1 ▶ According to the passage, how are pets now playing an important role in people's lives?

（パッセージによると、現代ではペットはどのように人々の生活に重要な役割を果たしていますか？）

CD 2 78

合格解答

By helping reduce people's stress and giving companionship to pet owners.

（人々のストレスを軽減するのを助け、飼い主にとって良き相手となることによって）

ここを押さえて！

解答のヒントは **For example** からの文脈です。合格解答のように、**By helping ...** と形を変えて答えましょう。パッセージをそのまま Pets can help reduce people's stress and give companionship to pet owners. と音読しても正解にならず得点は下がってしまうので注意しましょう。

パッセージの訳　ペットを飼うこと

最近ではますます多くの人がペットを飼いたがっています。ペットは今や人々の生活に重要な役割をしています。例えばペットは人間のストレスを減らしてくれ、飼い主にとって良き話し相手になってくれます。しかし、飼い主の中にはペットを飼うことに飽き、結局は見捨てたりする人もいます。ペットを飼う時は、人はもっとその大きな責任を認識しているべきです。

語句注

- □ play an important role　重要な役割を担う
- □ reduce one's stress　ストレスを減らす
- □ companionship　交わり・相手になること
- □ abandon　見捨てる
- □ be aware of　気付く・認識している

Exercise 11

No.2 ▶ Now, please look at the picture and describe the situation. You have 20 seconds to prepare. Your story should begin with the sentence on the card.

(20 seconds) Please begin.

(イラストを見て状況描写をしなさい。20秒の準備時間があります。ストーリーはカードに書かれた文を使って始めてください)

📢 モデル・ナレーション

1 <u>One day, a woman was very busy at work.</u> She still couldn't go home because she had to work extra hours. She said, "I need to relieve my stress."

訳 ある日、女性は職場でとても忙しくしていました。彼女は残業をしなくてはならず、まだ家には帰れませんでした。彼女は「ストレスを解消しなくては」と言いました。

攻略法

ポイントは「女性は残業などで忙しくストレスを感じている」こと、「ストレス解消をしたいと思っている」の2点です。

「残業する」は work extra hours の他、work late や put in extra hours も覚えておきましょう。解答例の他には、She was under a lot of stress at the office.（彼女はオフィスでかなりのストレスを受けていた）も可能です。be under stress（ストレスを受けている；ストレスがある）は重要表現なので覚えておきましょう。この他に stressful working environment（ストレスの多い労働環境）なども重要です。

➡ 次のページへ続く

2

On the weekend, when she was shopping, she found a very cute puppy at a pet shop. She immediately liked him and decided to keep him as a pet.

訳 週末に、買い物をしている時、彼女はペットショップでとてもかわいい子犬を見つけました。すぐに彼女は子犬を気に入りペットとして飼うことに決めました。

攻略法

ポイントは「かわいい子犬を見つけ飼うことにした」ことです。
puppy は「子犬」。動物などを「飼う」は keep a pet（ペットを飼う）で、動詞 keep を使って表現します。解答例以外には、She was so excited to find a cute puppy.（彼女はかわいい子犬を見つけてとっても興奮した）とも表現できます。

3

One month later, she wanted to take the puppy for a walk, but she felt really tired. Then she realized it was very difficult to take care of pets.

訳 一ヶ月後、彼女は子犬を散歩に連れていきたかったのに、とても疲れていました。彼女はその時にペットを世話するのは大変だと悟りました。

攻略法

ポイントは「女性がペットの世話に疲れてしまった」ことです。
take ~ for a walk（~を散歩に連れて行く）はとっさに使えるようにしておきましょう。「世話をする」は take care of の他に look after（面倒を見る）も重要です。解答例以外には、She didn't feel like going for a walk.（散歩をする気になれなかった）、She was too exhausted to take him for a walk.（彼女は疲れ過ぎて子犬を散歩に連れていけなかった）、She got tired of the dog.（彼女は犬に飽きてしまった）のような答えが可能です。

Exercise 11

No.3 ► Today, some people have unusual pets like snakes. Do you think the number of such pet owners will increase in the future?

(最近は、ヘビのような変わったペットを飼う人がいます。あなたはこのようなペットを飼う人の数が増えると思いますか?)

合格解答 賛成

Yes. It is becoming easier for people to take care of unusual pets thanks to the information on the Internet. In addition, having unusual pets also makes more people feel special and important.

(はい。ネットの情報のおかげで、ますます人が変わったペットを飼いやすくなっています。それに加えて、変わったペットを飼うことは、もっと多くの人を特別で、また価値のある気持ちにさせます)

ここを押さえて!

「ヘビのような変わったペットを飼う人が増えるか」を問う問題。賛成意見として、まず「ネットの情報で飼いやすくなっている」ことを述べて平均点。さらに「特別な気持ちにさせる」ことを述べて満点解答となります。other than は「〜以外の」を表す重要表現。

合格解答 反対

It is very difficult to take care of those animals. Also, they can hurt their owners and others if they escape a cage.

(そのようなペットを飼うのはとても難しいです。しかも、もしそのようなペットが逃げた場合には、飼い主や他の人にも害を与えます)

ここを押さえて!

反対意見としては「飼い方が難しい」ことを述べて平均点。さらに「逃げた場合には害を与える」ことまで述べて満点ゲットです。escape a cage(カゴから逃げる)。

No.4 ▶ Some people say that people will cook at home less often in the future. What do you think about that?

（将来は人々は家で料理をするのがもっと少なくなるという人がいますが、あなたはどう思いますか?）

合格解答　賛成

I agree. I think that people will become even busier in the future. They will prefer to eat out or buy pre-cooked food more often.

（賛成です。人々は今よりももっと忙しくなると思います。今よりもっと多く外食したり、店でお惣菜を買ったりするのを好むでしょう）

ここを押さえて!

「未来では家庭料理をすることが少なくなるか」を問う問題。賛成意見として、まず「人々がもっと忙しくなる」ことを述べ平均点。さらに「今よりも外食や、出来合いの食べ物を買う」まで述べて満点ゲットです。eat out（外食する）。pre-cooked meal（お惣菜）も覚えておきましょう。

合格解答　反対

I disagree. Home-cooked meals are much healthier. Also, it is much cheaper to cook at home, and people can save money.

（反対です。家庭料理の方がはるかに健康的です。また、家で料理するほうが断然安いし、貯金もできます）

ここを押さえて!

反対意見として、まず「家庭料理の方が健康的だ」と述べて平均点。次に「家で料理した方が安上がりで貯金もできる」まで言えたら満点解答です。home-cooked meal（家庭料理）は覚えておきましょう。他のバリエーションとして、It is costly to dine out all the time.（いつも外食していたら高くつく）とも言えるでしょう。dine out（レストランなどで食事をする）。

Exercise 11

生活関連Q&Aトレーニングに挑戦!

生活に関する3つの質問に、英語で答える訓練をしましょう。

Q1

Some people say that more apartment buildings in Japan should allow pets. What do you think about that?

日本のもっと多くのマンションでペットを許可すべきだと言う人がいます。あなたはどう思いますか?

合格解答 賛成▶ I agree. The number of people who want to have pets is increasing. I think that landlords should try to meet those people's needs.

賛成です。ペットを飼いたい人の数は増えています。家主はそのような人々のニーズに応えるよう努めるべきだと思います。

答え方のポイント 賛成意見として、「ペットを飼いたい人の増加」を挙げ、そして「家主はそのニーズに合わせるべきだ」と言ってまとめます。landlord（家主）、meet one's need（～の必要に応じる）は頻出です。

合格解答 反対▶ I disagree. Pets often bother other residents. They can be noisy, give off a bad smell, and get public space dirty.

反対です。ペットはしばしば他の住民に迷惑をかけます。ペットはうるさいし、悪臭を放ち、公共のスペースを汚す可能性があります。

答え方のポイント 反対意見として、「騒音を立てる」「他の住民に迷惑をかける」などのデメリットを挙げます。bother（困らせる）は頻出です。

Q2

These days, many families in Japan have pets. Do you think it is good for children to have pets?
Yes. → Why?   No. → Why not?

最近では日本の多くの家族がペットを飼っています。あなたは子供にとって、ペットを飼うことは良いことだと思いますか?

合格解答 賛成▶ Keeping a pet develops a sense of responsibility among children. It can also develop a love of living creatures.

ペットを飼うことで、子供たちは責任感を持つようになります。また、生き物に対する愛情も生まれます。

答え方のポイント 賛成意見として、「子供がもっと責任感を持つようになる」こと、そして「生き物への愛情も育つ」ことの2点を挙げます。**love for living creatures**(生き物への愛情)は、重要なフレーズです。

合格解答 反対▶ It is difficult for children to take care of pets every day. Besides, they sometimes develop allergies to animals' hair.

子供には毎日のペットの世話は難しいです。彼らはまた、時々動物の毛によりアレルギーを持ってしまいます。

答え方のポイント 反対意見として、「ペットの世話は難しい」こと、そして「時々、アレルギーを発症してしまう」ことの2点を挙げます。**allergy**(アレルギー)は頻出です。

Exercise 11

Q3

Some people say that watching TV during meals is a bad habit. What do you think about that?

食事中にテレビを見るのは悪習慣だという人がいますが、どう思いますか?

合格解答　賛成▶ I agree. It will make people eat more food than they need.
It's because they pay almost no attention to what they eat.

賛成です。そのことは人々に必要以上の食べ物を食べさせてしまいます。なぜなら自分の食べる物にほとんど注意しないからです。

答え方のポイント　「食事中のテレビ視聴の功罪」を問う問題です。賛成意見として「必要以上に食べてしまう」、「食べる物に注意を払わない」と答えると満点です。have a bad effect on digestion (消化に悪い影響を与える) も覚えておきましょう。

合格解答　反対▶ I don't think so. Nowadays people are very busy doing many things, especially work. So they can use time efficiently by watching TV over meals.

そうは思いません。今日、人々は多忙で、特に仕事で忙しいのです。よって、食事をしながらテレビを見ると、時間を有効に使うことができるのです。

答え方のポイント　反対意見としては、「多忙であること」と、「テレビと食事を同時にして時間を有効に活用している」点を挙げます。2文目は So watching TV while eating is an efficient use of time. と言い換えることもできます。

Exercise 12

Decreasing population

Many people in Japan are now concerned about the fact that the number of children has been decreasing over the years. It is said that declining birthrate will lead to a shortage in the workforce to sustain the economy and tax payers to maintain national welfare. Under the circumstances, some people argue that the government will have to take more effective measures to increase the birthrate.

お手本音声 ▶ CD 2 85

Questions

No.1 ▶ According to the passage, what kind of problems will the declining birthrate cause?

No.2 ▶ Now, please look at the picture and describe the situation. You have 20 seconds to prepare. Your story should begin with the sentence on the card.

(20 seconds) Please begin.

No.3 ▶ Some people say that Japan will import more food from overseas in the future. What do you think about that?

No.4 ▶ Some people say that more security cameras should be set up on city streets. What do you think about that?

Exercise 12

Your story should begin with this sentence:
One day, a couple was playing at the park with their son.

1

I want to have another baby.

Later that day

2

child allowance

One year later

3

合格解答とポイント

No.1 According to the passage, what kind of problems will the declining birthrate cause?

(パッセージによれば、低下する出生率はどのような問題を引き起こしますか?)

合格解答

It will cause a shortage in the workforce to sustain the economy and taxpayers to maintain national welfare.

(それは経済を支える労働力と福祉を維持する納税者の不足を引き起こします)

ここを押さえて!

解答のヒントは **It is said ...** からの文章です。

別の解答例として、It is said that declining birthrate will lead to a shortage in the workforce to sustain the economy and tax payers to maintain national welfare. のようにパッセージをそのまま音読して答えることも間違いではありませんが、合格解答のように It will cause の形で答える方が得点も高くなるでしょう。

パッセージの訳　減少する人口

今、日本人の多くは、ここ何年にも渡って子供の数が減っているという事実に懸念を感じています。低下する出生率は経済を支える労働者不足や、福祉を維持する納税者不足につながると言われています。その状況下において、政府が今後出生率を増やすためのより効果的な方策をとらなければならなくなるだろうと主張する人々がいます。

語句注

- □ be concerned about　気がかりである
- □ over the years　何年にも渡って
- □ declining birthrate　低下する出生率
- □ sustain　持続させる
- □ national welfare　国民の福祉
- □ circumstance　状況
- □ effective measures　効果的な方策

Exercise 12

No.2 ▶ Now, please look at the picture and describe the situation. You have 20 seconds to prepare. Your story should begin with the sentence on the card.

(20 seconds) Please begin.

（イラストを見て状況描写をしなさい。20秒の準備時間があります。ストーリーはカードに書かれた文を使って始めてください）

モデル・ナレーション

1

One day, a couple was playing at the park with their son. They were having a great time together. The woman said to her husband, "I want to have another baby."

訳　ある日、夫婦が息子と公園で遊んでいました。彼らはとても楽しい時間を過ごしていました。女性は夫に「もう一人赤ちゃんがほしい」と言いました。

攻略法

ポイントは「家族が楽しそうにしていて、妻は子供がもう一人欲しいと思っている」ことです。
他の解答例として、**They looked very happy with each other.**（彼らは一緒にいて幸せそうだった）、**The boy was having fun with his family.**（男の子は家族と楽しい時間を過ごしていた）、**The boy was in good spirits.**（男の子は元気いっぱいだった）なども適切です。**be in good spirits** は「上機嫌である」です。

➡ 次のページへ続く

2

Later that day, when they were watching TV, they learned that the government was going to provide child allowance. They thought it was good for a couple who want to have a few children.

訳 その日の後、テレビを見ている時、彼らは政府が子供手当てを出すことを知りました。彼らは子供が2〜3人欲しい夫婦に良いことだと思いました。

攻略法

ポイントは「夫婦がテレビのニュースで、政府から子供手当てが支給されることを知った」ことです。
childcare allowance（子供手当て）の他に、maternity leave（出産休暇）、childcare leave（育児休暇）も覚えておきましょう。

3

One year later, the woman was very happy to hold a new-born baby on her lap. The son was also very happy to have a new sister.

訳 一年後、女性は膝に生まれたばかりの赤ちゃんを抱いてとっても幸せそうでした。息子も新しい妹ができて嬉しそうでした。

攻略法

ポイントは「家族に新しい赤ちゃんができた」ことです。
on one's lap（膝の上に）は重要表現で、The kitty was sitting on my lap.（子猫は私の膝の上に座っていた）のように使います。関連表現として、She is expecting.（彼女は妊娠している；出産予定である）、She gave a birth to the new baby last month.（彼女は先月その新しい赤ちゃんを産んだ）も覚えて行きましょう。give a birth to は「〜を出産する」です。

Exercise 12

No.3 ▶ Some people say that Japan will import more food from overseas in the future. What do you think about that?

(日本は将来、もっと食物を輸入すると言う人がいますが、あなたはどう思いますか?)

合格解答 賛成

I think so. Imported food is cheaper than domestic farm products. In addition, people want to try different kinds of foods from foreign countries.

(そう思います。輸入された食品は国内産の食品より安いです。また、人々は外国からのさまざまな食品を試してみたいと思っています)

ここを押さえて！

「将来は輸入の食品が増えるか」を問う問題。賛成意見として、まず「国内産の食品より安い」ことを述べ平均点。さらに「さまざまな外国産の食品を食べてみたい」まで述べて満点解答となります。domestic は「国内の」。

合格解答 反対

I don't think so. Many Japanese people think that domestic farm products are safer and of higher quality than foreign food. So I don't think that Japanese import of foreign food will increase in the future.

(そうは思いません。多くの日本人は国内産の食物の方が外国産より安全で、品質も高いと思っています。だから私は日本の外国産の輸入が将来増えるとは思いません)

ここを押さえて！

反対意見として、「日本人は、国内産の方が安全で高品質だと思っている」ことを述べ平均点。さらに「だから輸入が増えるとは思わない」とまとめて満点解答です。

No.4 ▶ Some people say that more security cameras should be set up on city streets. What do you think about that?

(街の通りにもっと防犯カメラを設置すべきだという人がいますが、あなたはどう思いますか?)

合格解答　賛成

I agree. Crime rates are increasing on city streets every year. If more security cameras are set up there, people can feel safer than now.

(賛成です。毎年、犯罪率は街の通りで増えています。もし監視カメラが取り付けられたら、人々は今よりも安全を感じることができます)

ここを押さえて！

「防犯カメラの必要性」を問う問題。賛成意見として、まず「犯罪率が増えている」ことを述べ平均点。そして「監視カメラをもっと設置すれば、もっと安全を感じられる」ことまで述べて満点解答。関連表現として、**reduce crime**（犯罪を減らす）や **lead to a decline in crime rate**（犯罪率の減少につながる）も覚えておきましょう。

合格解答　反対

I disagree. There are many security cameras already. Also, I think that they can invade people's privacy.

(反対です。すでにたくさんの防犯カメラがあります。それに、カメラは個人のプライバシーを侵害する可能性があります)

ここを押さえて！

反対意見としては、まず「すでに防犯カメラはたくさんある」ことを述べて平均点。続けて「プライバシーの侵害になる」まで答えて満点解答です。**invade people's privacy**「プライバシーを侵害する」は重要表現。ぜひ覚えておきましょう。

Exercise 12

生活関連Q&Aトレーニングに挑戦!

生活に関する2つの質問に、英語で答える訓練をしましょう。

Q1

Today, many students from foreign countries are studying in Japan. Do you think the number of these students will increase in the future?
Yes. → Why?　No. → Why not?

今では外国からの多くの生徒が日本で勉強しています。あなたは将来このような生徒の数が増えると思いますか?

合格解答　賛成▶ Yes. The Japanese government is actively trying to accept more students from foreign countries. Also, many young people in foreign countries are now more interested in Japanese pop culture and technology, and they want to learn Japanese.

はい。日本の政府は積極的に外国からもっと多くの生徒を受け入れようとしています。また、外国の多くの若者は現在もっと日本のポップカルチャーやテクノロジーに興味をもち、日本語を学びたいと思っています。

答え方のポイント この質問に関しては、外国人留学生はこれからますます増加する傾向にあるので「賛成」での意見が望ましいです。ポイントとしては、まず「政府が留学生を積極的に受け入れようとしている」こと、そして「日本のポップカルチャーやテクノロジーへの興味により、日本語を学びたい若者が増えている」こともその具体例として適切でしょう。

Q2

Some people say that expensive brand-name clothing is becoming less popular in Japan. What do you think about that?

日本は高価なブランドの衣服の人気が下がってきていると言う人がいます。あなたはどう思いますか?

合格解答 賛成 ▶ I agree. More and more Japanese don't think such designer clothing is worth the money they spend. Also, people are becoming more and more economical due to the recession.

賛成です。ますます多くの日本人がそのようなデザイナーブランドの洋服は支払うお金に見合った価値があるとは思っていません。また不況のため日本人はますます節約するようになってきています。

答え方のポイント 賛成意見として、「ブランド物への価値を感じなくなっている」こと、「お金を節約する傾向になってきている」ことなどを述べます。**worth**(価値がある)、**recession**(不況)は覚えておくと役に立つ単語です。

合格解答 反対 ▶ I disagree. Many people in Japan still want brand-name clothing, because they can last much longer than regular clothing. Also, people want to impress other people by wearing them.

反対です。日本の多くの人はまだブランドの洋服を欲しいと思っています。なぜならば一般の洋服よりはるかに長持ちするからです。また、それらを着ることにより、他の人に自分を印象づけたいと思っています。

答え方のポイント 反対意見として、「一般の洋服よりも長持ちする」こと、「他の人を印象づけたい」ことなどを挙げます。**last**(長持ちする)、**regular clothing**(普通の衣服)は頻出表現です。

英検2級面接　超重要ボキャブラリーいちらん

2級の面接試験で役に立つ超重要なボキャブラリーをジャンルごとにまとめました。受験前にチェックして、準備万端にしておきましょう。

教育　CD2 92

- 塾　cram school [krǽm skùːl]
- 生涯教育　lifelong learning [láiflɔ̀ːŋ ləːrniŋ]
- 通信教育　distance learning [dístəns ləːrniŋ]
- ボランティア活動　volunteer activity [vùləntíər æktívəti]
- クラブ活動　club activity [klʌ́b æktívəti]
- 保育園　nursery school [nə́ːrsəri skùːl]
- 期末試験　final exam [fáinl igzǽm]
- 男女共学　co-education [kòuedʒukéiən]
- 数学　mathematics / math [mæ̀θəmǽtiks / mǽθ]
- 生物学　biology [baiálədʒi]
- 物理学　physics [fíziks]
- 地理　geography [dʒiágrəfi]

テクノロジー、メディア　CD2 93

- 原子力発電　nuclear power generation [njúːkliər páuər dʒènəréiʃən]
- 太陽光発電　solar power generation [sóulər páuər dʒènəréiʃən]
- 介護ロボット　nursing-care robot [nə́ːrsiŋkɛ́ər róubət]
- 宇宙開発　space exploration [spéis èisplətréiʃən]
- ネット犯罪　cyber crime [sáibər kráim]
- 通信販売　mail order [méil ɔ̀ːrdər]
- 電子メディア　electronic media [ilektránik míːdiə]
- ネットバンキング　online banking [ánlain bæ̀ŋkiŋ]
- コンピューターウイルス　computer virus [kəmpjúːtər vàiərəs]

環境　CD2 94

- ゴミ　garbage [gáːrbidʒ]
- 水道水　tap water [tǽp wɔ̀ːtər]
- ペットボトルの水　bottled water [bátld wɔ̀ːtər]
- 温室効果ガス　greenhouse gas [gríːnhaus gæ̀s]
- 再生可能エネルギー　renewable energy [rinjúːəbl ènərdʒi]
- 環境保護　environmental protection [invàiərənméntl prətékʃən]
- 化石燃料　fossil fuel [fásəl fjùːəl]
- 省エネ　energy saving [énərdʒi sèiviŋ]
- マイバッグ　eco-bag [ékoubæg]
- 環境に優しい製品　eco-friendly product [ékoufrèndli prádʌkt]
- 電気自動車　electric car [iléktrik kàːr]

医学・健康　CD 2 95

- 食習慣　eating habit [í:tiŋ hǽbit]
- バランスの良い食事　well-balanced diet [wélbǽlənsd dáiət]
- 肥満　obesity [oubí:səti]
- 花粉症　hay fever [héi fì:vər]
- 心の病気　mental illness [méntl ínlnis]
- うつ病　depression [dipréʃən]
- 二次喫煙　secondhand smoking [sékəndhǽnd smòukiŋ]
- 医療費　medical cost [médikəl kɔ̀:st]
- 車椅子　wheelchair [hwí:ltʃèər]
- 盲導犬　Seeing Eye dog [sí:iŋ ái dɔ̀:g]
- 健康診断　medical [health] checkup [médikəl (hélθ) tʃékʌ̀p]
- 毎日の運動　daily workout [déili wɔ́:rkàut]
- 栄養補助食品　food supplement [fú:d sʌ̀pləmənt]
- 医者不足　doctor shortage [dáktər ʃɔ̀:rtidʒ]
- 平均寿命　average life span [ǽvəridʒ láif spǽn]
- 応急手当　first aid [fɔ́:rst èid]

レジャー　CD 2 96

- 観客　spectator [spékteitər]
- 決勝戦　final game [fáinl gèim]
- チケット売り場　box office [báks ɔ̀:fis]
- 外食　dining out [dáiniŋ àut]
- 遊園地　amusement park [əmjú:zmənt pà:rk]
- テーマパーク　theme park [θí:m pà:rk]
- 同窓会　class reunion [klǽs rijú:njən]
- 飲み会　drinking session [dríŋkiŋ sèʃən]
- 宝くじ　lottery [látəri]
- 観光地　sightseeing spot [sáitsì:iŋ spát]
- 景勝地　scenic spot [sí:nik spàt]
- 温泉地　hot spring resort [hát spriŋ rizɔ́:rt]
- 観光案内所　tourist information desk [túərist ìnfərméiʃən désk]
- パッケージ旅行　package tour [pǽkidʒ tùər]
- 個人旅行　individual tour [ìndəvídʒuəl tuər]
- 貴重品　valuables [vǽljuəblz]
- 国内旅行　domestic travel [dəméstik trǽvəl]
- 添乗員　tour conductor [túər kəndʌ̀ktər]
- 時差ボケ　jet lag [dʒét lǽg]
- 交通規制　traffic regulation [trǽfik règjuléiʃən]
- 交通渋滞　traffic jam (congestion) [trǽfik dʒǽm]
- 通行人　pedestrian [pədéstriən]
- 交差点　intersection [ìntərsékʃən]
- 改札口　ticket gate [tíkit gèit]
- 終電に乗り遅れる　miss the last train [mís ðə lǽst trèin]
- 優先座席　priority seat [praiɔ́:rəti sì:t]

ビジネス

- 掲示板 **bulletin board** [búltən bɔ̀ːrd]
- 事務用品 **office supplies** [ɔ́ːfis səpláiz]
- 親睦会 **get-together** [gètəgéðər]
- 歓迎会 **welcome party** [wélkəm pàːrti]
- 立食パーティー **buffet party** [bʌ́fit pàːrti]
- 育児休暇 **childcare leave** [tʃáildkèər líːv]
- 産休 **maternity leave** [mətə́ːrnəti lìːv]
- 求人広告 **classified ad** [klǽsəfàid ǽd]
- 販売員 **sales representative** [séilz rèprizéntətiv]
- 上司 **supervisor, boss** [súpərvàizər, bɔ́ːs]
- 在宅勤務 **telecommuting** [tèləkəmjúːtiŋ]
- 事務員 **office clerk** [ɔ́ːfis klə̀ːrk]
- ハローワーク **public employment office** [pʌ́blik implɔ́imənt ɔ́ːfis]

家庭生活

- 核家族 **nuclear family** [njúːkliər fǽməli]
- 共稼ぎ家族 **double-income family** [dʌ́blinkʌm fǽməli]
- 家事 **housework** [háus wə̀ːrk]
- 子育て **parenting** [pέərəntiŋ]
- 専業主婦(夫) **full-time homemaker** [fúltáim hóummèikər]
- 子供手当 **childcare allowance** [tʃáildkèər əláuəns]
- 家族の絆 **family ties** [fǽməli tàiz]
- 保育所 **day-care center** [déikèər séntər]
- 家電製品 **household appliance** [háushòuld əpláiəns]
- ベビーカー **baby carriage / stroller** [béibi kǽridʒ / stróulər]
- 体重計 **weight scale** [wéit skèil]
- 食べ残し **leftovers** [léftòuvərz]
- 花壇 **flower bed** [fláuər bèd]
- ストーブ **heater** [híːtər]
- 植物に水をやる **water plants** [wɔ́ːtər plǽnts]
- ベッドを整える **make a bed** [méik ə béd]
- 監視カメラ **surveillance camera** [sərvéiləns kǽmərə]
- 高齢化社会 **aging society** [éidʒiŋ səsàiəti]
- 高齢者 **elderly people** [éldərli pìːpl]
- ホームヘルパー **caregiver** [kέərgivər]
- バリアフリー施設 **barrier-free facility** [bǽriərfríː fəsíləti]

●著者紹介

植田一三（Ichay Ueda）
英語の最高峰資格7冠突破＆英語教育書図書ライター養成校「アクエアリーズ」学長。英語の百科事典を読破し、辞書数十冊を制覇し、洋画100本以上のセリフをディクテーションし、アルクの翻訳コンテスト英日・日英入賞後、シャープのABCニュース自動翻訳ソフトを開発。Let's enjoy the process!（陽は必ず昇る）をモットーに、指導歴（英検1級33年（優秀賞・優良賞50）、TOEFL23年、準1級26年、TOEIC17年、工業英検1級16年、通訳案内士16年、国連英検特A8年）の中で、英検1級合格者を1860人以上、資格3冠（英検1級・通訳案内士・TOEIC 980点）突破者を300名以上、英米一流大学（院）奨学金付合格者を多数輩てる。28年以上の著述歴の中で出版した著書60冊（総計120万部突破）のうち10冊以上はアジア数か国で翻訳されている。ノースウェスタン大学院、テキサス大学院（コミュニケーション学部）修了後、同大学で異文化間コミュニケーションを1年間指導。

上田敏子（ウエダ トシコ）
アクエアリーズ英検1級・通訳案内士・工業英検1級講座講師。英検1級、通訳案内士、TOEIC満点、工業英検1級、国連英検特A取得。英国バーミンガム大学院（翻訳学）修了。主な著書に「英語で説明する日本の文化シリーズ」、『通訳案内士試験「英語一次・二次」直前対策』（語研）、「英検1級・準1級・2級面接大特訓シリーズ」（Jリサーチ出版）、『TOEIC® LISTENING AND READING TEST 990点突破ガイド』、『TOEFL iBT® TEST スピーキング＋ライティング完全攻略』（明日香出版社）、『IELTSスピーキング・ライティング完全攻略』（アスク出版）などがある。雑誌『ゼロからスタートEnglish』（Jリサーチ）で「ボランティア通訳ガイド入門」を連載中。

Michy里中（ミッチー サトナカ）
アクエアリーズ 英検1級講師。ビジネス会議通訳者。ロサンゼルスで長期に渡りビジネス通訳業務に携わり、アパレル業界の通訳・翻訳業も約10年間携わる海外での仕事経験豊富なバイリンガル。大手企業でのTOEIC講座やビジネス英語指導経験も豊富。最近は歴史文化財の英文翻訳業にも従事。英検1級・TOEIC990点満点・通訳案内士国家資格取得。主な著書に『英検準1級面接大特訓』『英会話フレーズ大特訓　ビジネス編』（共にJリサーチ出版）、『発信型英語 類語使い分けマップ』（ベレ出版）、『21日で速習！ 社内公用語の英語の重要表現600』（明日香出版）などがある。

カバーデザイン	花本浩一	ナレーション	Howard Colefield
本文デザイン／DTP	江口うり子（アレピエ）		Erica Williams
本文イラスト	田中斉		水月優希
英文校正	村上恵		

英検2級　面接大特訓

平成27年（2015年）　7月10日　　初版第1刷発行
平成30年（2018年）10月10日　　第5刷発行

著　者	植田一三　上田敏子　Michy里中
発行人	福田富与
発行所	有限会社　Jリサーチ出版
	〒166-0002　東京都杉並区高円寺北2-29-14-705
	電話 03(6808)8801（代）　FAX 03(5364)5310　編集部 03(6808)8806
	http://www.jresearch.co.jp
印刷所	㈱シナノ パブリッシング プレス

ISBN978-4-86392-232-7　禁無断転載。なお、乱丁・落丁はお取り替えいたします。
©2015 Ichizo Ueda, Toshiko Ueda, Michy Satonaka, All rights reserved.